그립다 말을 할까

제2집

강성진
김석태
김원호
김주현
박수경
신준호
오영욱
임영희
정모연
조종길
최종호

그립다 말을 할까

초판 1쇄 발행 2020년 10월 30일

지은이 강성진, 김석태, 김원호, 김주현, 박수경, 신준호, 오영욱, 임영희, 정모연, 조종길, 최종호
펴낸이 장길수
펴낸곳 지식과감성#
출판등록 제2012-000081호

디자인 장홍은
편집 장홍은, 윤혜성
교정 김혜련
마케팅 고은빛, 정연우

주소 서울시 금천구 벚꽃로298 대륭포스트타워6차 1212호
전화 070-4651-3730~4
팩스 070-4325-7006
이메일 ksbookup@naver.com
홈페이지 www.knsbookup.com

ISBN 979-11-6552-481-4(03810)
값 12,000원

ⓒ 강성진·김석태·김원호·김주현·박수경·신준호·오영욱·임영희·정모연·조종길·최종호
2020 Printed in Korea

잘못된 책은 구입하신 곳에서 바꾸어 드립니다.
이 책의 전부 또는 일부 내용을 재사용하려면 사전에 저작권자와 펴낸곳의 동의를 받아야 합니다.

이 도서의 국립중앙도서관 출판예정도서목록(CIP)은 서지정보유통지원시스템
홈페이지(http://seoji.nl.go.kr)와 국가자료공동목록시스템(http://www.nl.go.kr/kolisnet)에서
이용하실 수 있습니다. (CIP제어번호 : CIP2020043997)

홈페이지 바로가기

강성진
김석태
김원호
김주현
박수경
신준호
오영욱
임영희
정모연
조종길
최종호

그립다 말을 할까

53 민들레 글방
제2집

큰 부자가 아니어도 좋습니다.
친구와 진솔한 담소 후에
막걸리 값을 감당할 정도의
궁색함이나 없게 하소서
따스한 온기가 가슴 한 쪽에
굳건히 자리 잡게 하소서
더 이상 세파에 나 자신을
함몰 시키지 않으면서
선악을 분별할 줄 알게 하소서
이별할 때는 정리할 시간을 주시고
고만하지 않게 지혜를 주소서
성숙된 가치관을 토대로
남은 삶을 살게 하소서

최종호 作 『나의 빈 주머니』 전문

깨끗하게 헹구어져 빨랫줄에 걸린 차렵
이불깃처럼 청명한 하늘이 시리도록 맑다.

목차

7 프롤로그(prologue)

강성진

10 나의 아버지
13 서산 춘향전
16 총무직
18 휴대폰이 돌아왔다
20 세상 참 좁다

김석태

23 나의 아버지
27 어머니
29 손자의 운동장
30 푸른 간식의 기억
31 먼 고향

김원호

33 나의 아버지
35 낚시 가문
37 짱어
39 향우회장
41 여름휴가

김주현

44 나의 아버지
49 비에 젖은 한복
51 재산 공개
54 추억의 자가용
58 과일 장수 소녀

박수경

61 나의 아버지
64 추억의 운동화
68 어머니가 고소당했다
72 고모님 여의옵고
77 가여운 여인

신준호

82 나의 아버지
88 왕 회장이 되다
91 초대
94 대통령 앞에 서다
97 발로 닭 차기

오영욱

100 국제 迷兒가 되다
112 장하다 유지현
116 지저스 크라이스트 슈퍼스타

임영희

122 나의 아버지
125 나룻배와 선장
133 분수를 안다는 것
137 다슬기국을 끓이며
144 착각

정모연

150 나의 아버지
152 어머니의 기일
154 몰래 한 첫사랑
157 실내화의 추억
160 댓돌 위에 고무신

조종길

163 나의 아버지
168 운동화의 추억
173 잘 가세요 장모님
177 내 고향 옥천
181 내 소녀는 어디 갔을까

최종호

190 파랑새를 찾아서

196 에필로그(epilogue)

프롤로그(prologue)

두 번째 53글방의 결실이 소박하다.
혹서와 습한 장마에, 코로나19까지 겹쳐 심신이 지친 이들에게 얼마간의 위안이라도 되었으면 한다.
이번 호에는 특집으로 그립고 아련한 기억의 아버지를 모셨다.
그립다 말을 하면 더욱 그리워지는 어린 시절을 들여다보니 눈시울이 뜨겁다.

열하나의 은발이 모여 작은 목소리를 냈다.
사춘기의 소녀처럼 얼굴 붉히며 수줍게 날개도 달았다.
아직은 불협화음으로 현(絃)을 뜯는 손길이 서툴고 투박하지만 예순여덟 개의 성상(星霜)을 건너온 내공이 있다.
그동안 부모님 모시고 자식들 건사하느라 정작 자신을 잊고 살다가 늦게나마 묵정밭을 갈고 씨앗을 뿌렸다. 잡초도 뽑고 물도 주며 정성을 다하면 당당한 제 목소리도 낼 수 있으리라.
척박한 땅에서도 뿌리를 내리고 멀리 퍼져나가는 민들레처럼….

이제 가을이다.

아무도 찾는 이 없어
외로운 女子

속절없이
세월만 삼키다가

오늘은
말끔히 차려입고

정처 없이 길을 나선
이 쓸쓸한 여정이여

임영희 作 『코스모스』

깨끗하게 헹구어져 빨랫줄에 걸린 차렵이불깃처럼 청명한 하늘이 시리도록 맑다.

2020.10
53 민들레 글방

강성진

충남 서산 갯마을에서 태어났다. 정보통신 분야에서 일했으며 현재 요양보호사와 지역 자원봉사자로 활동 중이나 부모님 계시는 고향 땅으로 귀촌 준비를 하고 있다.

khkang105@hanmail.net

나의 아버지

나의 아버지는 올해 구순이신데 정정하시다.

나의 할머니는 두 분이다. 그러니까 아버지와 큰고모를 낳으신 할머니는 그 당시 유행병인 장티푸스로 돌아가시고 아버지의 할머니, 즉 나의 증조할머니께서 집에 오셔서 살림을 해 주셨다.

그 후 아들 둘 딸린 새 할머니가 들어오셔서 여섯 식구가 되었고 다시 두 명의 동생을 두어 아버지는 4남 2녀의 장남이 되셨다.

아버지는 서로 핏줄이 다른 동생들과 서모 가운데 어린 시절을 보내고 22세에 집안 어른의 중매로 19세인 어머니와 결혼하셨다.

한국전쟁 중에 아버지는 군에 입대하셨다. 그때 나는 이미 어머니의 배 속에 있어서 아버지가 전쟁 중 전사하셨다면 유복자가 될 수도 있었다.

실제로 고향의 내 친구 중에는 아버지와 함께 입대한 친구의 아버지가 전사하셔서 그 친구는 유복자가 되었다.

그렇게 해서 아버지가 군에 계실 때 휴전 다음 날인 1953년

7월 26일 내가 태어났다.

내 바로 밑의 여동생은 아버지가 휴가 나오셔서 씨를 뿌려 1956년에 태어났고 아버지는 군 생활 5년 만에 특무상사로 내가 5살 때 제대하셨다.

나는 어릴 적 아버지의 기억이 별로 없다.

어렴풋이 할머니 등에 업혀서 동네 마실 다니고 삼촌과 고모 틈에서 어울렸던 것이 생각난다.

아버지 없는 가정에서 어머니는 층층시하 배 다른 시동생들을 섬기느라 한 고생은 이루 말할 수 없다 하셨다.

제대 후 가정으로 돌아온 아버지는 나중에 예비군 창성 멤버가 되셨고 초대 소대장까지 하셨는데 군 생활이 몸에 배어 매우 엄격하셨고 매사에 칼이셨다.

특히 3남 1녀의 장남인 나에게는 더욱 그리하셨다. 동생들의 잘못을 내가 다 맡아서 혼이 나곤 했다. 지금 생각하니 어려서 그때의 자세와 습관과 훈련이 오늘의 나를 만든 것 같다.

아버지는 술을 즐기시고 남과 어울리는 것을 좋아하셔서 동네 풍물놀이 상쇄 역할을 도맡아 하신 흥이 많으신 분이다.

그 후 내가 중학교 졸업반 때 아버지가 그만 보증을 잘못 서서 우리 집안이 어려워져 나는 고교 진학을 할 수가 없어 졸업을 앞둔 그해 말에 먼 친척 아저씨의 소개로 상경하여 노량진 잡화 도매상에서 자전거 배달원으로 일하게 되었다.

그때부터 아버지는 많이 변하셨다.

아버지의 책임을 다하지 못하여 장남인 내가 진학도 못 하고 고생한다고 무척이나 가슴 아파하셨다. 그때부터 불철주야로 어머님과 함께 노력하셔서 다시 우리 가정을 일으켜 세우셨다.

나는 그다음 해 서울에서 다시 학업을 시작했고 고학으로 학교를 마칠 수 있었다. 그때 한 고생과 경험은 군 생활은 물론 회사 생활에도 밑거름이 되었고 근무 중에도 학업을 계속할 수 있었다.

현재는 부모님이 경작하시던 논과 밭은 다른 사람에게 맡기고 조그만 텃밭을 가꾸며 소일하신다.

새로 신축한 집은 부모님의 함자를 따서 '득헌'이라고 명명하였다. 그 집은 내가 나중에 귀촌하여 거주할 계획이다.

내 주위를 돌아보면 부모님께서 생존해 계시는 친구들이 별로 없는데 참 감사하게도 나에게는 그러한 복이 주어졌다.

나중에 부모님 요양을 위해서 작년에 요양보호사 자격증을 취득하였다.

지금은 아버님께서 허리가 안 좋아 거동이 힘들어 전동 휠체어에 의지하시지만 아버지가 살아 계시고 어머님과 함께하셔서 나는 참 행복하고 감사하다.

서산 춘향전

어제 무의도에서 대부도를 바라보면서 먼저 하늘나라로 간 내 중학교 절친 생각이 났습니다.

그 친구와 나는 서산 갯마을 남녀 공학인 중학교 절친이었습니다.

우리는 학생회 간부 활동을 하면서 남녀 학생들끼리 자주 모임을 가졌는데 그 친구는 그중 어느 한 여학생을 좋아했었습니다.

그렇게 해서 중학 시절을 마치고 학생회장이었던 그 친구는 그 당시 전원 장학생인 서울 유한공고로 진학했지요.

나는 가정형편으로 그 이듬해 겨우 진학하였습니다. 둘 다 고학하는 어려운 처지였기에 서울 생활하는 동안 자주 만나 서로 의지하며 어려움을 극복했지요.

군 복무 후 그 친구는 공무원으로 나는 회사원으로 사회생활을 시작하고 가정도 이루었지요. 자식들이 성장하여 결혼 후 독립하여 가정을 이루고 생활이 안정되어 편안한 생활이 시작될 즈음 그 친구는 상처했고 얼마 후 그만 그 친구도 간암 말기 판정을 받았습니다.

　투병 기간 동안 그와 나는 자주 만났고 이제까지의 삶을 뒤돌아보면서 많은 이야기들을 나누었고 성당 다니는 그 친구와 교회 다니는 나는 서로 두 손을 모으고 함께 기도도 많이 했습니다. 병세가 점점 깊어갈 즈음 나는 그 친구를 위하여 내 승용차로 옛 친구들과 추억여행을 계획했습니다.

　운전수인 나는 방자 역할을, 조수석엔 향단 역할 담당인 그때의 친구를 앉혔지요. 뒷자리엔 주인공인 그 친구, 이 도령. 그 옆자리엔 중학교 때 좋아했던, 지금은 미망인이 된 성춘향 그 여학생이 자리했습니다.

　이름하여 춘향전의 주인공들이 되어 추억여행을 떠났습니다.

　고향 근처 만리포 백사장 안면도 소나무 숲 간월도 석양을 바라보면서 나는 방자 역할을 향단과 더불어 충실히 수행하며 옛 추억을 그리며 즐거운 시간을 보냈습니다.

　우리들이 마지막 여행지로 삼은 곳이 바로 그 친구가 가고 싶다는 대부도였습니다.

　이 도령을 성 춘향이 부축하며 방자와 향단이가 함께 바닷가를 걸었습니다.

　그로부터 얼마 후 그 친구는 하늘나라로 떠났습니다.

　어제 문득 대부도를 바라보면서 그 친구 생각이 났습니다.

중학교 때 경주 수학여행을 생각하면서 그 시절의 추억이 생각났고 그 친구가 그리웠습니다.
하늘에서 내려다보고 있는 것 같았습니다.

총무직

나는 중학교 졸업식에 참석하지 못했다.

1968년 중학교 졸업을 앞둔 겨울방학 즈음해서 갑자기 닥친 집안 사정으로 인하여 고교진학의 꿈을 접었다.

암울한 미래 때문에 방황하고 있던 차에 먼 친척 아저씨의 소개로 상경하여 노량진 중계소 앞에 있는 잡화 도매상에 배달 점원으로 일하게 되어 서울 생활이 시작되었다.

고학으로 야간 공고를 졸업하던 그해, 육군 기술행정병으로 지원 입대하여 제1통신단에서 병장으로 만기 전역했다.

전역 후 고교 때 우수한 성적증명서 덕택으로 대기업에 공채로 입사하여 20여 년 그리고 중소기업에서 20여 년간 회사 생활 후 정년퇴직하고 6년 전 시집간 딸이 살고 있는 동인천으로 이주해 현재에 이르고 있다.

인천으로 와 살면서 시간의 여유가 생겨 교회 무료 급식과 요양원 경로당 등에서 자원봉사활동을 하며 많은 것을 경험한다.

그리고 내가 사는 지역의 통장의 일을 보면서 또한 요양보호사 교육을 받으면서 많은 것을 배우고 느꼈다.

특히 본인이 1급 시각장애인이면서도 지역사회에서 자원봉사 회장으로 활동하는 동갑내기 친구를 옆에서 지켜보며 많은 도전을 받았다.

누군가는 해야 하는 일, 모두가 하고 싶지 않은 일, 귀찮은 일, 내가 조금만 힘써 주면 남들이 편할 수 있는 일, 내가 그 일을 하기로 다짐했다.

그래서 아무도 나서지 않는 재경 부중 14회 동창회 총무직을 내가 감당하여 섬기기로 했다.

휴대폰이 돌아왔다

우리 집 앞에는 화수부두가 있다.

그 옛날 이 부두를 통해서 동인천역까지 배가 들어왔는데 지금은 복개되어 그 거리를 수문통로라 부른다.

나는 서산 갯마을 출신으로 시간 날 때마다 화수부두 만석부두를 지나 북성포구까지 옛 고향의 정취와 바닷가 냄새를 맡으며 걷곤 한다.

어제도 태풍을 피해 많은 낚싯배들과 어선들이 화수부두로 피신하여 정박하고 있어 그 풍경을 부두 벤치에서 핸드폰으로 사진을 찍었다.

이제 치매가 왔나? 그만 내 핸드폰을 그 자리에 깜빡 잊고 놓고 와 버렸다.

집에 와서 확인하고 급히 그곳에 가 보니 휴대폰은 이미 없어지고 전화하니 전원이 꺼져 있다.

휴대폰 지갑에 있는 신분증, 카드 등과 비상금으로 5만 원권 1장, 5천 원권 1장, 1천 원권 2장이 들어 있었다.

그것보다도 폰에 저장되어 있는 정보와 자료들이 없어진다 생각하니 내 머릿속이 순간 하얘졌다.

마지막 희망으로 보관하고 계시는 분에게 돌려주시면 꼭 사례하겠다는 문자와 아내의 전번을 알려 주고 난 뒤 30분 후 동인천 파출소에서 전화가 왔다.

어느 분께서 맡기고 가셨으니 휴대폰을 찾아가라는 전화다.

이렇게 반가울 수가… 참으로 반가웠다.

파출소에 가서 휴대폰을 찾았다. 지갑 속에 있는 현금만 가져가고 나머지는 그대로 있다.

연락처를 남기지 않은 것은 가져간 현금으로 그거면 보상이 되었다고 생각했던 모양이다.

암튼 고마웠다.

그렇게 해서 내 휴대폰은 세 시간 만에 내 손으로 다시 돌아왔다.

돌아와 주어서 참 고맙다.

앞으로는 절대로 너를 놓고 오지 않겠다고 굳게 다짐한 어제였다.

작년에 동구보건소에서 치매 검사 결과 양호로 나왔는데 다시 검사해 봐야 하나? 하는 생각이 든다.

세상 참 좁다

군우들의 모임인 통가회 김정호 전 회장 아들 결혼식이 상암 DMC 웨딩홀에서 있었다.
피로연장에서 중학교 동창회장의 문자를 받았다.
중학교 동창 친구의 장인상을 알리는 부고 문자다.
구로 고대병원 장례식장으로 향했다.
지하 B102호에 조문 후 엘리베이터를 타고 1층에서 내려야 하는데 착각하고 2층에서 내리고 말았다.
바쁘게 화장실로 향하던 중 상주 리본을 달고 있는 청암 정보통신 강건상 사장을 만났다.
202호에 빈소를 차린 102세 어머님 상(喪)이시다.
평소 만날 때마다 모시고 계시는 어머님의 안부를 묻곤 했었다.
어머님 영정에 마지막 인사를 드리고 1층으로 내려왔는데 거기서 또 한 분의 지인을 만났다.
102호 빈소에 조문 온 국제전선의 최 사장이다.
한 장례식장에서, 그것도 같은 시간에 B102호, 1층 102호,

2층 202호에 내가 아는 사람의 빈소가 있다니…

서울이 좁아 보이고 세상 참 좁다는 생각이 들었다.

죄짓지 않고 하나님을 경외하며 행동을 바르게 하고 착하게 살아야겠다는 생각을 다시 한번 했다.

특별한 2월 셋째 토요일의 일과였다.

김석태

충남 부여에서 태어났다. 논산에서 염소 농장을 하며 텃밭 농사를 짓고 있다. 늦깎이로 시를 공부하고 틈틈이 습작을 하며 시집 출간을 준비하고 있다.

ssss60@hanmail.net

나의 아버지

아버지를 찾습니다

아버지가 집을 나가셨습니다
나이는 70
약주를 너무 많이 잡수셔서
기억상실증에 걸리셨는데
어느 날 동네 이발관에 가셨다가 길을 잃고
집으로 돌아오시지 못합니다
집 번지수도 대지 못하고
전화번호도 대지 못하는 분이십니다
밥보다는 술을 더 좋아하신 분이십니다
흰 바지저고리에 흰 고무신
나무막대를 지팡이 삼아 짚고
나가셔서
벌써 보름째 종무소식입니다

방송에도 내고 신문에도 내고
광고지를 만들어 여기저기 붙여도 보았지만
별무효괍니다
양로원에도 가 보고
시장에도 가 보고
정신 이상자 합숙소에도 가 보았지만
안 계셨습니다
세상에 노인들은 많고 많아도
정작 아버지는 안 계셨습니다
집을 나가실 만한 이유는 없습니다
사시던 고향에서
이사 안 오시겠다는 걸
좀 잘 살아 보자고
대전 시외 개발 예정지구로 이사 와
약주가 더 느셨습니다
그러고 보면 시골이 좋다 하시는 분을
억지로 모시고 이사 온 게 불찰이요
술보다 다 좋은 것을 마련해 드리지
못한 것이 불효이지요
나이는 70
기억상실증에 걸려서

집 나가신 분
아버지를 찾습니다
우리 아버지를 찾습니다
(1985년 9월 6일)

위 시는 나태주 시인이 쓴 시다.
그리고 시집의 제목이기도 하다.
시인의 장인이기도 한 나의 아버지가 치매로 집 나가신 지 보름 후에 썼으니 벌써 35년 전 일이다.

술을 너무 좋아하신 아버지는 한번 심하게 앓더니 치매 증상으로 집을 나가셨다.
충남 부여에 살던 나는 잘 살아 보겠다는 일념으로 둔산동 신개발지로 이사 온 후 삼 년 만에 이런 사건이 터졌다.
시 내용대로 별의별 방법을 동원해 보았지만 찾을 길이 없었다.
그 당시 집중호우로 다리 밑에서 주무시다 떠밀려 가셨는지 고향인 백마강 가에서 변사체로 발견되었다.
아버지의 시신을 경찰이 수습하여 가매장한 사진을 근거로 고향 선산에 모시게 된다.
당시에(70세) 아버지 치아는 하나도 상한 게 없었고 두발도 검은머리 7 흰머리 3 정도였고 반팔 메리야스도 일치하는 단

서가 되었다.

이제 내 나이도 곧 70이 된다.
가끔 물건 위치를 깜빡할 때마다 그때 아버지 생각을 해 본다.
집도 못 찾아오셨던 나의 아버지를…

어머니

새각시 시집오니
앞에 가로막힌 오산*이
그리 답답하셨나요
물 건너 충청도 땅
신랑 하나 믿고 왔어도
저 산이 그리 높던가요
죽어도 씨종자는
베고 죽어야 하느니라
그 가르침 생각나
어머니 심던
동부콩 종자 구하러
고향에 온 김에
어머니 품 안에 안겨 봅니다
돌아오는 길
칡넝쿨 개망초가 길을 막아도

탁 트인 금강 물줄기에
답답한 가슴 시원한지요
이제 어머니 앞에 섰던
그 오산이 되고 보니
동기간에 우애하라던
그 말씀 들립니다

* 오산은 고향집 앞산 이름이고 내 호가 되었다.

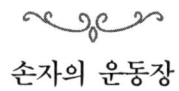

손자의 운동장

주말이나 성묘 때 뵙는 아버지

내 어깨에 올라타 온갖 장난치는
손자의 설레발이 요란스럽다
장난기가 발동하면 한 발 더 나가
증조할아버지 머리 꼭대기에 올라
구르고 뛰고 뒹구는 운동장이다

할애비는 감히 생각도 못 한 짓을
서너 살 손자 놈 용기도 좋다

겨우내 눈발에 들뜬 잔디 뿌리를
증손자 놈이 꼭꼭 밟아드리니
올여름 장마에도 끄떡없을 거라고
할애비는 참 잘했다고 손뼉을 친다

푸른 간식의 기억

바람 불어 떨어진
땡감을 주워
소금물에 담가
부뚜막 위에 올려놓았다

아직
떫은맛 가시지도 않은 걸
자발스레 베어 물어
여기저기 잘려 나간 흔적

감물 들고 콧물 배어
얼룩얼룩 지지 않는
무명저고리 소매

바람 부는 밤이면
잠을 설쳤다

먼 고향

고향에 남겨 두고 온
조그만 밭 한 떼기
그래도 그것만은 남겨 둬야
한 번씩 찾는 거라고
컨테이너 갖다 놓고
나무와 꽃도 심고
가끔 부모님 산소에 들러
문안인사 올렸다
앞산은 여전히 버티고 서서
잔잔한 미소로 반기고
저수지 물그림자는
어머니 품속에 안긴다
고향에 남겨진 땅떼기가
관광지로 개발된다고
군 문화관광과에
서류 넘겨주고 돌아오는
발길이 무겁고 멀다

김원호

전남 무안에서 태어났으며 건설 인테리어에 종사하고 있다. 늘 바쁘게 사느라 밀어 둔 무지개 빛깔의 꿈(작가)에 한 발짝 다가선 느낌이다.

dns1953@daum.net

나의 아버지

 아버지는 아씨 버씨 지씨의 줄임말이라고 누군가가 그랬던 것 같다.
 설사 그 말이 틀리더라도 뭐 별거 있나, 기상예보 앵커들은 울 아버지 함자를 부르지 않으면 일기예보가 안 되는, 그런 아버지시다.

 바다가 보이는 작은 마을에서는 부유한 집안의 아들로 자손이 귀한 집에서 태어났으니 엄청 귀하게 자라셨던 모양이다.
 그 시대에 5년제 중학을 나오셨으니 병역을 필하셨으면 군수는 하셨을 거라.
 군대에서 눌러앉았으면 장군은 됐을 거라.
 항상 아쉬워하시던 울 아버지….
 해방되고 학교 졸업하고 그 당시 면장님 여동생과 19살에 결혼하셨다니 잘나간 집안은 분명하다.
 그리고 군대를 가셨고 제주도 훈련소에 이질이란 전염병으로 귀향 조치되었는데 피골이 상접하여 돌아온 손자를 본 할머니께서 끌어안고 내 손자는 군대 못 보낸다고 억지를 부리시니 그로 인해 세상의 빛을 보게 된 나도 있지만 그 후유증이 동란이 끝난 후 울 아부지 발목을 잡을 줄 예전에 몰랐을 것이다.

병역 기피를 이유로 시시때때 순경들이 찾아와서 울 아부지 잡아가고 할아버지는 돈 주고 빼오기를 일삼고(요건 내 기억에도 있음), 또 병역 기피자는 아무것도 할 수 없으니 자포자기로 다른 것에 치중하셨나 봐요.

나 어릴 때의 아버지는 달리기 잘하시고 사물놀이도 달인 수준에 특히 춤 장구와 노래 잘 부르시고 양춤 잘 추시니 여기에 당연히 따르는 게 무엇이겠는가.

여자! 그건 당연한 순서지요.

울 어머니 속 많이 끓이신 거 나는 안다.

금년 춘추 90이신데 최고 시속 37km짜리 스쿠터 타시고 우리들 손처럼 생긴 내 고향땅을 날마다 몇 바퀴씩 돌아다니시고 감기도 안 걸리실 만큼 건강을 유지하고 계시며 보고 싶을 때는 언제든 달려가면 뵈올 수 있는 울 아버지 살아 계심에 너무 너무 감사하다.

* 참고로 울 아버지 함자는 김 평자 년자 쓰신다.

낚시 가문

평소 낚시를 좋아하시던 나의 할아버지께서는 2대 독자이시며 내가 태어난 그날도 낚시를 가셨다 한다.

우리 집에서 오십 보 정도 위로 올라가면 아름다운 배경의 바다가 보이는 바다에서 낚시를 즐기셨다 한다.

며느리가 첫손을 생산한다고 하니 맛있는 생선을 먹이고 싶으셨나 보다.

우리 아랫집 밑에 공동우물이 있었는데 마침 점심 무렵이라 동네 여자들이 우리 집 울타리로 모여들었다.

그 통에 7살 여자아이가 물 뜨러 왔다가 우물에 빠져 사망하는 사고가 발생했다.

내 울음소리에 다들 우물로 몰려갔는데 어린애가 죽어 있으니 얼마나 난리가 났을까.

울 할아버지께서 고기 잡아 돌아오시다 동네 울음소리에 며느리 애 낳다 죽은 줄 알고 얼마나 놀라셨던지.

고기와 낚싯대를 팽개치고 달려오셨는데 며느리는 떡하니

아들을 낳아 놓으신 것이다.

  나는 태어나고 한 소녀는 죽어서 그녀 몫까지 살아야 하니 나는 얼른 죽지 않을 것 같은데 또 모른다.

이렇게 낚시를 좋아하시던 울 할아버지 나 고등학교 다닐 때까지 허리춤에 손자 발을 넣고 주무셨다.

  69세에 돌아가셨으니 나는 벌써 할아버지보다 일 년을 더 산 셈이다.

  우리 아버지는 80이 넘도록 농어 낚시를 가시면 여러 수 낚아 오시는데 나의 실력은 아버지에 못 미친다.

  그래도 틈만 나면 갈치 낚시도 다니고 우럭 광어 낚시도 부부간 혹은 가족 단위로 자주 다니다 보니 우리 중전마마도 아들들도 낚시를 제법 잘한다.

  한번은 백령도로 우럭 낚시를 갔는데 40cm나 50cm를 부지기수로 낚아 낚시 쿨러를 가득 채운 적이 있다.

  4대에 걸쳐 낚시를 했으니 여기 바친 돈이면 빌딩도 샀을 것 같은 마음이다.

짱어

우리 고향 사투리로 장어는 짱어라 부른다.

내가 어릴 때 기억이니 아마도 여섯 살 때의 일로 그때의 기억 하나는 내가 70이 될 때까지 잊어버리지 않는 것이 하나 있다.

나의 한 분밖에 안 계신 작은아버지와 나는 아홉 살 차이다.

그땐 삼촌이라 불렀고 동네에 나보다 4살 많은 형의 뒤를 쫄쫄 따라다녔는데 그 형은 또 우리 삼촌 뒤를 따라다녔다.

그러니 자연스럽게 우리 삼촌이 학교 파하고 오면 우리는 항상 같이 어울려 놀았다.

본 마을은 100가구 가까이 되는데 우리 집은 4가구밖에 없는 따로 떨어진 마을이라 어울릴 친구가 거의 없어 그랬던 것 같다.

때로는 두들겨 맞으면서도 따라다녔다. 논에 물 대는 시기라 저수지의 물이 우리 삼촌 무릎 정도까지 찼다.

동네 젊은 사람들은 너도나도 장어 잡으러 저수지에 몰려들었고 우리 삼촌도 거기에 끼었으니 여름방학 중이라 생각된다.

우리 삼촌이 내 팔뚝만 한 장어를 잡아낼 때마다 신이 난 형과 나는 고래고래 소리 지르며 미끄러지지 않게 호박잎으로 붙잡고 꼬치에 끼우기 바빴다.

그때였다. 우리 삼촌이 큰 게 걸렸는지 잡아 올리다 놓치고 올리다 또 놓치기를 반복하는데 20대 초반인 동네 아저씨가 잡아 올렸다.

나는 그때 내 허벅지만 한 그 장어를 우리 주는 줄 알았다.

그런데 그 아저씨가 갖고 가는 게 아닌가. 어린 나는 울며 우리 것을 왜 뺏어 가냐고 따졌다.

그날 이후로 그분을 나쁜 사람으로 낙인찍고 오늘에 이르러서도 그 생각이 변하지 않았다.

그분은 돌아가시고 없는데 어릴 때 생긴 고정관념은 지금도 변하지 않으니 참 오래도 간다.

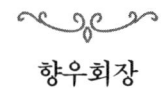
향우회장

나는 작년 3월 1일 삼일절 기념일에 내 고향 무안군 운남면 향우회장으로 추대되어 고향과 향우님들께 봉사할 수 있는 기회를 얻었다.

마음에 있는 것은 언젠가는 이룬다고 하듯이 젊어서 한번 해보고 싶었는데 목구멍이 포도청이라 이루지 못했다.

그런데 어찌어찌하다 보니 느닷없이 추천을 받아 향우회장 감투를 쓰게 되었다.

우리 마음속에 들어 있는 가장 소중한 건 인간이기에 진정한 마음을 나누며 희로애락을 허심탄회하게 논할 수 있는 소중한 한 축인 고향 사람들과의 우정이 아닐까 한다.

향우회장이 된 후로 고향을 방문하면 전에 형님이라 부르던 후배들도 회장님 오셨다며 반기니 한편으로 쑥스럽기 그지없으나 마음 저쪽 한구석에서는 회심의 미소를 짓는다.

군수님을 비롯하여 면장님 등 각 기관장님들도 알아보시고 반겨 주시니 역시 감투는 쓰고 봐야 한다.

해방이 되고 나서 친구 아버지가 우리 운남면 초대면장이 되셨는데 후에 면민들이 그분의 공적비를 세워 드렸다.

그런데 누가 관리를 안 해서 누더기 모습이라 내 눈에도 거슬려 금년 초에 군 의원을 만나 이 부분을 의논했더니 이번 9월 중에 면에서 조처하겠다는 약속을 받았다고 연락이 왔다.

코로나로 금년 향우회 모임도 못 하고 향우회장 체면이 말씀이 아닌데 이번 일로 체면을 조금 세운 것 같고 면장님 환갑둥이 내 친구에게 거드름을 피우며 위안을 한다.

여름휴가

    나에게는 매년 여름휴가를 함께하는 친구들이 있다. 원래는 여섯 쌍의 부부 동반이었는데 두 친구가 유명을 달리해서 지금은 네 쌍이 모이고 옵서버로 참가하는 친구가 있다.
    7년 전 부산에 사는 친구가 교통사고로 생사의 기로에 있을 때 혹여 잘못될까 봐 한 달에 다섯 번 부산을 간 적도 있었다.
    의식이 없는 채 한 달을 넘게 중환자실에 있더니 하느님이 보우하사 의식을 되찾고 일 년을 병상에서 보내더니 끈질긴 집념으로 일어나 보행이 불편하지만 다행히 모임에 참석을 한다.
    사고 후 부산 쪽의 다른 친구들이 이 친구를 태우고 와서 옵서버로 참여하는 것이다.
    나의 국민학교 거의 모든 동창들이 이 친구의 쾌유를 기도하고 문병을 했으니 이 친구의 평소 삶이 어떠했는지 짐작하고도 남는다.
    그동안 전국 각처를 돌며 휴가를 즐겼고 관광보다는 만나는 즐거움에 그냥 방에 앉아서 재미로 고스톱 치고 먹고 그런다.

금년에는 곡성 섬진강 변이 바라보이는 어느 풍경 좋은 펜션에 자리를 잡고 첫날은 섬진강 메기 매운탕을 먹으며 즐겼고 이튿날 아름다운 섬진강 변을 산책하며 유유히 흐르는 강물과 무언의 대화도 나누었다.

점심 먹고 기차마을 구경을 갔는데 칙칙폭폭 하얀 증기를 내뿜는 기관차를 태워 주는 것과 레일바이크 타는 것이 전부였다.

애인과 함께 가면 제법 운치가 있을 것 같다.

8월 5일 오후 이때부터 비가 내리기 시작하여 산사 구경도 못하고 숙소로 피난하여 섬진강을 보니 물길이 거세졌다.

그래도 웃고 떠들고 노래하고 아침을 맞으니 다행히 비도 그쳐서 일찍부터 짐을 쌌다.

부산으로 목포로 2팀은 부천으로 이렇게 아쉬움을 뒤로하고 헤어졌다.

귀로에 예당 호수에 들르니 하늘은 맑게 개어 청명했으나 호수는 황토물로 변해 있었다. 현대식 현수교라서 그런지 유명한 출렁다리의 묘미는 전혀 느낄 수 없었다.

이렇게 이번 휴가는 재미있게 끝을 맺었지만 다음 날부터 섬진강 변 마을에 홍수로 피해가 많아 마음이 아프다.

김주현

서울 출생으로 세계를 날아다니며 선교사로 일했다. 오지의 나환우들과 캘리포니아를 오가며 생활하던 중 1년 전 담도암 수술 후 미 서부에서 복된 나날을 보내고 있다.

agnessfo@hanmail.net

나의 아버지

아버지는 여덟 살 때 할아버지께서 세상을 떠나신 후 할머니를 극진히 모시고 존경하며 살아오신 분이다.

남달리 시대를 앞서 사셨던 분으로 그 시절 우리가 누리는 것들을 미리 경험하고 맛을 보셨다.

슬하에 11남매를 얻었으나 딸 다섯에 아들 하나 6남매를 먼저 하늘나라로 보내셨다.

오직 나 하나 유일한 딸로 남겨졌고 아들이 4형제씩 있어도 이 못난 딸 하나를 유난스럽게 사랑하셨다.

타잔처럼 웃통을 벗고 수통과 단도를 차고 등산을 즐기던 분이다.

씨름선수로 나라에서 으뜸이라 해서 호적까지 상등이란 이름으로 바뀌셨던 분이다.

지금으로 말하면 올림픽 선수보다 더한 대접을 받았던 것 같다.

아버지는 해방 훨씬 전부터 운전을 하셨다. 피난길에도 자가용으로 식구들을 서울에서 부산까지 태우고 가시는 길에 인민군은 아버지를 차에서 끌어내려 장작으로 온몸을 두들겨 팼다.

무슨 말인가를 했는데 아버지가 듣지 못해 대답을 안 했다는 이유였다. 그때 그 일로 골병이 들어 비 오는 날이면 온몸이 쑤시는 바람에 고생을 하셨다.

할머니와 엄마 오빠 이모들을 혜화동 집에 머물게 하시며 지하에 쌀을 묻어 두었다.

큰오빠를 시켜서 어둑어둑해지는 저녁이면 끼니가 곤란한 집에 한 자루씩 메고 다니며 나눠 주게 하셨던 분이다.

총대를 멘 인민군에게 걸리면 큰오빠는 쌀을 얻어 오는 척 연기를 해 가며 위협을 모면했다.

1년 전 세상을 떠나신 큰오빠는 생전에 가난한 사람들을 보면 그 상처가 떠오르는 듯 몸서리를 치셨다.

사람들은 저마다 시대의 처지와 상처가 다른 것을 느낀다.

우리나라 초대 아나운서 임택근 아나운서는 나 어릴 때 매일 아침마다 우리 집에 와서 아버지께 용돈을 타 가는 걸 보았다. 전차비와 학비가 없었던 모양이다.

주일 미사가 끝나고 밖에 나가면 성당 문 앞에 걸인들이 즐비하던 때였다. 당시 가장 좋은 러시아산 털 코트를 입었던 아버지는 떨고 있는 걸인에게 코트를 훌떡 벗어 머리에 씌우고 달아나셨다고 한다.

혹여 아버지 얼굴을 알아본 걸인이 민망해할까 봐 배려하신 아버지의 일화는 함께 동행하신 큰외삼촌의 발설로 어머니께서도 알게 되셨다고 한다.

예전에 서울역엔 노숙인들이 모여 살던 곳이다. 중림동 고약집에 이모부와 아들, 사위가 모두 이북으로 끌려가셨기에 시대의 과부들이랄까. 여자들만 살았다.

내 아버지와 큰 외삼촌, 작은 외삼촌, 이모는 고약으로 얻어진 수입과 아버지의 재산을 털어 쌀을 샀다. 굶주리는 노숙자들에게 하루 한 끼라도 먹이면 얼어 죽지는 않는다고 깡통이나 바가지만 있으면 아침 10시까지 밥을 해 줬다.

그중에도 게으른 노숙자들은 아침 10시 넘어 대문을 발로 차며 밥 좀 달라고 행패를 부렸다. 밥이 떨어져서 못 주는 날이면 천사 같은 울 외숙모도 일찍 좀 다니라고 소리를 치셨다.

암튼 아버지는 집안의 우애를 다지고 교회 안 큰 일꾼이셨던 분이다.

노쇠한 신부님들이 돌아가실 때 사제관을 찾아가 신부님들을 업어 주셨다.

동네 집 없는 사람에게 집도 마련해 주시고 교육이 필요한 청년들에게 학교에 보내 주셨던 분이다.

나 고2 때 데드롱이 나왔는데 엄마는 1년 반만 있으면 하복

입을 일 없다며 그냥 동복 스커트를 입으라고 하셨다. 난 그렇게 못 하겠다 맞섰다. 그날 하굣길에 아버지께서 책상에 돈 올려놨으니 하복 다시 맞춰 입으라고 하셨다.

다음 날 한걸음에 양장점으로 달려가 데드롱 하복을 맞췄는데 한번 입어 보기도 전에 아버지는 59세에 청계산으로 잠자리를 옮기셨다.

사춘기에 아버지가 하늘나라로 떠나신 후, 매달 험한 길을 걸어서 청계산에 올랐던 나는 결혼 후에도 데드롱 하복을 잘 싸서 간직했었다.

남달리 아버지를 향한 그리움에 오랫동안 힘들었다.

내 아버지가 이 딸을 끔찍하게 사랑하셨기에 데릴사위를 보겠다고 공공연히 말씀하시던 아버지께서 남기신 마지막 유언이시다.

1. 기도하라
2. 세계 여행을 많이 하라
3. 수녀가 되기보다는 평신도로 멋지게 살아 내거라
4. 먹고 사는 데 혈안이 되지 말거라 너 먹고 살 것은 세계에 널브러져 있다

5남매 중 아버지의 임종을 지킨 자식은 내가 유일한 자식이었다.

아버지 유언 때문이었을까? 내가 수십 년 동안 세계를 휘리릭 날아다녔던 건 아버지께서 내리신 축복이었다.

엄마가 8년 전 99세의 일기로 세상 떠나신 후 아버지이신 어머니와 어머니이신 아버지가 나에겐 하나시더라.

비에 젖은 한복

지금은 로또에 당첨에 된다고 해도 어머니가 입으셨던 비 맞은 한복은 맞출 수도 살 수도 없다.

손에 넣을 수만 있다면 난 세상 끝이라도 마다하지 않고 달려가겠다.

비 오는 날 집안 대사에 참석하시느라 쪽찐머리에 비녀 꽂고 한복을 곱게 입으시고 흰 장화에 우산을 펼치고 외출하셨던 어머니시다.

짐 보따리까지 챙겨 저녁 시간 집에 돌아오시는 길에 옆집 사는 영순이 엄마를 만나셨단다.

"어딜 가슈" 하고 물으셨다는데 나와 한 학교 저학년에 다니는 영순이 우산 갖다주러 학교에 간다는 대답에 내 엄마는 저녁밥 할 시간이라 마음이 바쁘셨다.

가던 길 멈추고 신고 가시던 장화를 벗고 우산을 영순이 엄마에게 맡기며 고3 A반 교실로 찾아가 나에게 주라고 하셨단다.

비 맞으면 하복 등 뒤에 끈 자국 난다고 빨리 갖다 주라고 하셨다는 울 엄마다.

그 시절엔 철딱서니가 없어서 영순이 엄마에게도 내 엄마에게도 고마워할 줄 몰랐다. 오히려 낯모르는 사람 교실 앞에 보냈다고 찡찡거렸던 나였으니 말이다.

버선발 적시며 고운 한복에 비 맞으며 숨 가쁘도록 식구들 저녁밥 지으러 줄달음치셨던 엄마 맘을 이제야 헤아려 본다.

내 엄마 쪽찐머리는 며느리 보시고 난 후 두 며느리와 함께 미장원 가서 미련 없이 툭 잘라 버리시고 두 달에 한 번 파마하시는 신여성이 되셨다.

이제는 영순 엄마도 울 엄마도 별나라에서 그때의 엄마보다 더 나이 든 딸들을 내려다보시겠지?

옛 생각에 젖어드는 걸 보니 나도 제대로 할머니 되어 가나 보다.

재산 공개

5월은 가정의 달이다. 한국에서는 어린이날, 어버이날, 스승의 날, 기념일도 많다.

내가 사는 곳은 북미 남가주 태평양 건너 캘리포니아다. 미국은 5월 둘째 주일이 마더스데이라서 매우 요란하다.

엄마 없이 태어난 사람도 있을까?

지난해 5월 29일부터 1년을 꼬박 아들과 며느리 딸과 손자 손녀와 함께 내 집에서 시간을 보냈다. 온 마음 다해 간병을 해 준 하루하루가 아름다운 가족 여행이 되었다.

미국에서는 가족이 전 재산이다.

한국인들끼리는 식구가 많고 값나가는 제대로 된 한국산 물건이 많으면 부자로 통한다.

그만큼 여유롭게 한국을 자주 드나들었다는 증거이기 때문이다.

미국에 살면서 나만큼 한국을 오가는 사람들은 거리가 먼 동네까지도 별로 없다.

병고 때문에 1년 동안 며느리가 정성스럽게 음식을 해 준 가짓수를 대충 헤아려 86가지 이상 된다고 하니 며느리가 깜짝 놀란다.

"그걸 어떻게 다 외우셨어요?" 한다.

온 가족이 정신이 번쩍 난 듯하다. 기억을 더듬어 이틀 사이에 빠진 음식들을 나열하는데 130가지 이상이 되었다. 가짓수도 그렇지만 기적을 이룬 듯하다.

참으로 어마어마한 숫자에 갸륵한 정성과 에너지를 생각하면 가슴이 뭉클하다.

나를 다녀간 닥터의 숫자도 일백여 명은 된다. 그들이 먹어 낸 음식이 대략 130여 가지쯤 되리라.

세계에서 내 소식 궁금하다 전해 오는 전화통화와 카톡도 그렇고 부러움을 자아내는 천사의 도시 LA에 80대 여군 출신 언니들 왈… 호박이 넝쿨째 굴러왔다고 한다.

웬만한 노인들이 병나시면 수술 후 양로병원을 가시거나 혼자 집에서 간병인을 부르는 일이 예사다.

그러나 나는 식구들이 보필해 주고 먼 동네 사람들까지 지속적으로 찾아온다는 것을 많이 부러워한다.

한국에서 동창들은 옷가지를 사서 부쳐 주기도 했다.

미국 추운 지역 타주에서 성당 사람들이 씀바귀 뿌리와 쑥을 구했다고 쑥국 끓여 먹으라 했는데 며느리가 쑥떡을 해 준다고 해 택배를 기다리는 중이다.

교통사고로 병원 생활하는 하늘 아래 땅 위에 하나뿐인 내 동생을 맘 아파하는 나를 위해서 53모임터 미경이는 과일 공수. 한숙, 민심, 일선, 혜자는 먼 거리 마다 않고 휘리릭 달려왔다.

온 마음 다해서 기도해 주며 가슴으로 하나 되어 주는 친구들이다.

선자는 손수 음식을 만들어 내 올케를 먹였다. 친정 어미처럼 다독이며 극진한 사랑을 쏟는다.

재산이 많으면 근심이 많다는데 사랑으로 모아진 재산은 충만한 에너지가 된다.

모두가 고마워서 감사한 마음뿐이다.

추억의 자가용

미국에서는 자동차를 신발이라고 부르니 나는 신발을 자가용이라 부른다.

동시대 사람들보다 좀 윤택한 집안에서 태어나서일까? 검정색 고무신도 드물게 봤고 초가집이 뭔지 보리밥이 뭔지 모르면서 자랐다.

다섯 살 때였다. 할머니는 종로구 혜화동에서 전차를 타고 아현동 고모 집에 다니러 가셨다. 엄마가 예쁘게 생긴 하얀 샌들을 사다가 고모네 집 선반 위에 올려놓았다. 비가 온 후라서 땅이 질다고 내게 다른 신발을 신기셨다. 나는 성당에 가시는 어른들을 따라나서다가 다시 고모 집에 들어갔다. 고종사촌 오빠에게 선반 위 샌들을 꺼내 달라고 해서 신바람 나게 신고 가다가 질퍽한 땅을 밟아 그만 하얀 원피스에 흙탕물 튀기고 말았다. 메고 있던 유치원 가방과 하얀 샌들은 엉망진창이 되었다.

그 꼴로 성당에 들어가니 할머니, 엄마, 고모, 집안 어르신들은 가자미눈으로 바라보셨다.

암튼 나는, 하고 싶은 건 그때나 지금이나 기어이 하고 마는 성격이다.

한두 번은 꽃 코고무신을 신어본 기억이 난다. 운동화나 구두가 아쉽지 않았던 나는 오리표 자가용(운동화) 두 대가 나를 흡족하게 만들어 줬다.

동절기 교복 입을 땐 남색 끈 매는 운동화, 하복을 입을 땐 백색 운동화를 준비해 두고 신었다.

여고 1년 하복을 입을 때 백색 운동화를 한 주 신고서 주일날 오후 내 손으로 운동화를 빨고도 개운치가 않았다. 백색 오리 두 마리를 엎어서 삶느라고 연탄불에 올려놓고 시험공부를 하는 중이었다.

출타한 아버지께서 볼일을 보고 집에 들어오시며 어디서 고무 타는 냄새가 진동을 한다고 말씀하셨다.

나는 놀라서 기겁을 하고 달려가 봤더니 백색오리 두 마리가 훈제가 되어 있었다.

그때 울 엄마 50대이셨다. 내가 50 평생을 살다가 운동화 삶는 일은 처음 보는 일이라고 혀를 차신다.

어쩌면 좋아, 새로 사러 가기에는 시간도 늦었고 월요일 전교생 아침 조회 시간에 내 꼴을 상상하니 기가 막히다.

전교생 모두가 하복에 백색 운동화일 텐데 나는 하복에 남색 오리 자가용이다.

아침에 교문 앞을 지키는 선생님과 규율부 언니들은 내가 먼저 일찍 등교를 하면 피할 수 있지만 조회 시간에 안 나갈 수는 없는 노릇이다.

어쩔 수 없이 남색 자가용이 학교 운동장을 빛낸 날 이후 나는 백색 오리표 자가용 두 대를 구입했다. 그때부터 뭐든 넉넉하게 준비하는 버릇이 생긴 것이다.

아버지는 입버릇처럼 내가 엄마한테 꾸지람들을 일이 있으면 운동화나 삶지 하시며 빙그레 웃으셨다.

내가 깔끔을 떨었던 대가일까? 온 세계 가장 더러운 인도의 콜카타에서부터 더러운 곳이라면 안 가본 데 없이 청춘을 불태우며 누볐다.

자가용 오리훈제 후 나 스스로 신발에 대한 모욕감 때문일까. 내가 만나 온 세계인들에게 신발을 신겨 줄 기회가 있었다.

예전엔 공항에서 제재하지 않았기에 많이 뭐든 가져갔지만 내 신발은 가장 편하고 비싼 신발로 신고 가서 벗어 주고 왔다.

그땐 가격도 적절했는데 요즘은 미국에서도 SAS 신발은 샌들도 웬만한 게 한국 돈 30~40만 원 정도다. 그래도 오래 신으니 제값은 하는 것이다.

중국의 나환자들은 인민화를 받으면 낡고 해질 때까지 신다가 꿰매서도 신는 걸 봤다. 너무 맘이 아파 내가 할 수 있는 만큼 예쁜 것으로 사서 신겼다.

하지만 나환자들의 뒤틀어진 발에는 어쩔 수 없나 보다.

과일 장수 소녀

　빈자의 어머니 성녀 마더 테레사 수녀님 수도회에서 세계의 봉사자들이 모였다.
　1991년 5월 한국인 첫 봉사자 세 명의 수녀님들이 처음으로 종신서원을 하신다기에 나는 그들의 어머니를 대신하여 초대장을 받고 참석했다.
　수녀님들과 거리를 동행하던 중 아수라장 같은 거리에 소, 개, 말 심지어는 닭, 염소, 까마귀, 사람, 자동차가 뒤엉켜 있었다.
　먼저 소가 지나간 뒤에 사람이나 자동차가 지날 수 있는 것이 인도의 풍습이다.
　열 살도 채 안 돼 보이는 어린 소녀가 열대에서 나오는 과일들을 양동이에 담아 가지고 나와 다른 과일 장수들 틈에 끼어 있었다.
　바로 옆에는 그 소녀보다 두세 살 더 들어 보이는 아이가 과일을 팔고 있다.

사람들은 왁왁거리는 어른들하고만 흥정을 한다.

안타까운 마음에 "애야 이 과일을 내가 다 살게. 얼마면 되겠니?" 하고 물었다.

그런데 의외였다. 아이는 고개를 좌우로 흔드는 것이었다.

혹시 어른들이 잠깐 자리를 비운 사이에 자리를 지키고 있는 것이 아닌가 하는 생각도 들었다. 그런데 그 소녀가 주인이라고 큰 소녀가 알려준다.

"네가 주인이라면서 어째서 과일을 안 팔겠다는 말이냐." 이상해서 물으니 그 어린 소녀가 가지고 있는 과일을 내가 다 사 가면 옆에 있는 큰아이는 하루 종일 그것을 팔기 해서 혼자 있어야 한다는 것이다.

그러니 옆 아이의 과일과 나누어 사 가라는 뜻이었다. 어린 아이의 순수하고 아름다운 마음에 콧등이 찡하다.

어른들은 감히 상상도 할 수 없는 상도덕이랄까, 아니 그런 말조차 어울리지 않는지도 모른다.

오직 내 마음이 부끄러울 뿐이었다.

때 묻지 않은 참사랑의 마음을 간직한 과일 장수 어린 소녀는 인디아 콜카타에서 1991년 5월에 만난 나의 스승이며 천사였다.

박수경

서예는 문자를 소재로 하니 글쓰기와도 무관하지 않았다. 지금은 붓을 놓고 지역사회에서 봉사활동을 하면서 살고 있다. 내담자를 만나 상담하는 일에 보람도 느끼며….

khung1953@hanmail.net

나의 아버지

나의 아버지는 외아들로 태어나 젊은 시절엔 귀공자처럼 사셨지만 외롭다고 늘 입버릇처럼 말씀하셨다.

일제 강점기와 해방 그리고 6.25사변을 두루 겪으시고 지리산 토벌작전에서 생명을 잃을 뻔한 고비도 넘기셨다고 하셨다.

나는 육 남매 중 큰딸로 태어났지만 할아버지 할머니 사랑을 많이 받고 자랐기에 아버지와의 추억은 별로 없는 거 같다.

그저 엄하고 무서운 아버지로 기억될 뿐이다.

그러나 남들에게는 관용을 베풀고 부처님 같은 분이셨다.

술 한 말을 지고는 못 가도 먹고는 간다는 말이 있듯이 나의 아버지가 바로 그런 분이셨고 풍류를 즐기셨다.

다니시던 직장도 지방으로 발령이 나니까 몇 개월 자취를 하시다가 가족들과 상의도 없이 사표를 내고 짐을 싸 가지고 오셨다.

그 후 농사일은 머슴들과 엄마가 맡아서 하시고 아버지는 날마다 동네 주막으로 출근하시어 신선놀음에 도낏자루 썩는 줄 모르셨다.

퇴근길에 술을 거나하게 드시고 오시는 날이면 늦은 시간 잠자고 있는 육 남매를 다 깨워 놓고 버릇없이 아버지가 귀가도 안 했는데 잔다고 혼을 내시면서 노래를 부르자고 하셨다.

우리는 그 앞에서 노래를 부를 리 없고 모두 무릎을 꿇고 벌을 서는 기분이었다.

딸자식은 무조건 바르게 교육을 시켜서 시집을 보내야 부모가 욕을 먹지 않는다는 매우 가부장적인 분이셨다.

그런 건 그 시대 모든 부모들의 교육관이었기에 아마도 용납이 안 되셨던 거 같았다.

그렇게 무섭던 아버지! 가까이하기엔 너무 먼 당신 같았던 그런 아버지가 철없던 그때는 왜 그리도 야속하고 미웠던지….

비로소 내가 부모가 되고서야 이해가 되었고 나 또한 부전여전으로 자식들을 엄하게 키웠던 거 같다.

내가 시집을 가던 날은 잘 살라고 하시면서 많이도 슬퍼하셨다. 신혼여행에서 돌아오니 나를 끌어안고 한없이 흐느끼셨다.

너무도 엄하고 모질게 했던 당신을 용서해 달라고 하시면서… 그날 아버지와 나는 한없이 울었고 새로운 부녀의 정도 느꼈다.

그 후 가끔 친정엘 가면 고생한다고 안쓰러워하시면서 인자하신 아버지로 변하신 모습에 놀라기도 하였다.

그런 아버지가 효도할 시간도 주지 않고 무엇이 그리 바쁘셨는지 일찍 심근경색으로 그만 먼 길을 가셨다. 급작스럽게 당한 일이라 가족들은 세상의 모든 걸 다 잃은 양 큰 슬픔이었다.

 아버지 돌아가신 지가 벌써 강산이 네 번쯤 바뀌고 나도 할머니가 되어 아버지의 마음을 다소나마 헤아리게 된다.

 오늘따라 아버지가 많이도 그립고 보고 싶다. 산소가 멀다는 이유로 자주 찾아뵙지 못해 죄송할 따름이다.

추억의 운동화

내가 어릴 적에는 운동화가 귀했다.

초등학교를 입학하기 전까진 코가 달린 고무신을 신고 다녔었다.

운동화가 신고 싶어 엄마한테 사 달라고 졸라 대면 학교 들어갈 때 사 주신다고 해서 입학식 날만 손꼽아 기다렸다.

초등학교 입학할 나이가 되자 입학 선물로 엄마는 운동화를 미리 사 주셨다.

얼마나 좋았던지 방에 모셔 놓고 수시로 신어 보다 가슴에 품고 자면서 입학식 날만 기다렸다.

드디어 입학식 날이 되어 새 운동화를 신었다.

나는 할아버지 손을 잡고 날아갈 듯 기뻐 팔짝팔짝 뛰면서 가는데 할아버지는 당신이 오래 살다 보니 손녀딸 입학식을 보게 되어 기분이 좋다고 말씀하셨다.

할아버지는 정말 좋으신지 노래를 부르면서 가셨다.

나는 남들이 흉보는데 창피하게 왜 노래를 부르냐고 짜증을 내며 울었던 기억이 난다.

 그런 나를 보시고 할아버지는 내가 화내는 그 모습도 귀엽고 예쁘다고 머리를 쓰다듬어 주셨다.

 그렇게 할아버지와 학교에 도착하여 많은 아이들 속에 섞여 입학식을 마치고 집으로 돌아올 때는 나를 업고 오셨다.

 학교에 입학 후 날마다 운동화를 신게 되니 신바람 나게 학교엘 다녔다.

 그 시절 운동화는 지금의 실내화처럼 천으로 만들었기에 비가 오는 날이면 행여나 운동화가 젖지 않을까 집에다 모셔 놓고 고무신을 신고 다녔다.

 날씨가 맑은 날에만 운동화를 신고 다녔던 것이다.

 어쩌다 비나 눈에 젖으면 엄마가 아궁이에 말려 주시기도 하고 겨울에는 학교에서 난로에 말리기도 하면서 운동화를 신주처럼 모시며 신었다.

 어느 해인가 여름방학 때 장맛비가 많이 와서 동구 밖 냇가에 친구들과 물 구경하러 나갔다가 잘못하여 운동화 한 짝이 냇물에 떠내려가는 슬픈 일을 당했다.

 아무리 잡으려고 해도 물살을 이기지 못하고 신발은 순식간에 사라지고 나도 하마터면 물에 떠내려갈 뻔하였다.

 나는 울면서 물길을 따라갔지만 신발은 보이지 않았다.

 집에 가면 엄마한테 혼날까 봐서 점심때가 지나도 집에 못

들어가고 울면서 걱정을 하니까 친구가 자기네 집으로 가자고 했다.

내내 불편한 마음으로 친구 집에 있다가 해가 질 무렵 집으로 숨어 들어갔더니 엄마는 신발 잃어버린 것은 모르시고 어디 갔다가 이제 오느냐고 혼을 내셨다.

내가 보이지 않아 일꾼 아저씨(머슴)가 온 동네를 찾아다녔다고 말씀하셨다.

저녁이 되어 할아버지한테 전후 사정을 얘기했더니 장날에 새로 사 주신다고 걱정하지 말라고 하셨다.

나는 안도의 한숨을 쉬면서 가슴을 쓸어내렸다. 이제 한시름 놓였다.

언제나 내 편이 되어 주던 할아버지셨다.

엄마한테는 비밀로 해야 한다고 손가락을 걸면서 그렇게 약속을 하고 며칠 후 장날이 되어서 똑같은 새 운동화를 사 오셨고 다행히 엄마는 모르고 계셨다.

나머지 한 짝은 아까워서 못 버리고 엄마 몰래 벽장 속에다 숨겨 놓고 가끔 냇가를 따라 어디에 걸려 있나 한동안 찾았던 기억이 있다.

엄마와 아버지보다 할머니 할아버지를 좋아했고 큰손녀라고 유난히 예뻐해 주셨던 할아버지셨다.

유년 시절엔 할아버지와 늘 함께 자면서 훈민정음체로 되어 있는 고전을 호롱불 밑에서 읽어 주시면 난 듣고 있다가 슬퍼서 훌쩍훌쩍 눈물을 흘리며 울었던 적도 많았다.

고학년이 될 때는 끈이 달린 곤색 운동화가 나왔고 학창 시절 운동화는 원 없이 신었다.

작아서 못 신게 되면 동생한테 물려주고 큰언니라는 이름으로 늘 새 옷과 새 신만 신고 다녔다.

오랫동안 다양한 신발을 신고 살아왔지만 그때처럼 신발을 소중하게 여겨 본 적은 없었던 것 같다.

그리운 추억의 운동화여….

어머니가 고소당했다

4년 전 어느 봄날 친정엄마로부터 한 통의 전화가 걸려 왔다. 내용인즉, 엄마가 앞집 아저씨로부터 경찰서에 고발을 당하셨다는 것이다.

단독주택에 사시는 엄마는 앞집과 나지막한 철조망으로 되어 있는 담장 사이로 눈만 뜨면 마주하는 그런 환경이다.

몇 년 전 앞집이 이사를 하고 새로운 주인이 오면서 문제가 터졌다.

앞집 화단에 심어 놓은 나무들이 울창하게 자라 엄마 집 일조권을 침해한 것이다. 시야가 답답하고 담을 넘어온 나뭇가지가 상당부분 엄마의 마당을 차지하고 있었다.

엄마가 앞집 여주인에게 나무를 조금만 잘라 달라고 말하니 자기네는 시간이 없다고 할머니가 알아서 자르라고 했단다.

앞집 허락이 떨어지자 노인네가 겁도 없이 사다리를 놓고 올라가 넘어온 나뭇가지들을 전지가위로 싹둑싹둑 훤하게 잘랐다고 하셨다.

참고로 그 나무로 말할 거 같으면 앞집 전 주인과 절친한 사이로 지내시면서 엄마가 분양을 해 준 것으로, 그 나무가 사건의 발단이 된 셈이다. 훗날 그 나무로 말미암아 송사를 치르게 될 줄을 꿈엔들 알았으랴.

그런데 아저씨가 나무를 너무 잘랐다고 나무 값을 변상해 달라는 내용증명을 보내온 것이다. 사철나무 100만 원 버드나무 200만 원 이렇게 300만 원을 변상하라고 검찰에 고발을 했다고 한다.

엄마는 놀라서 자식들에게 전화를 하셨다.

나는 엄마한테 걱정 말라고 안심을 시켜 드렸다. 만약 벌금이 나오면 내가 납부하겠으니 경찰서에 가셔서 사실대로만 말씀 잘 드리면 된다고 했다.

그 후 며칠이 지나 검찰청에서 사건을 관할 경찰서로 넘긴다는 통지를 받았다고 했다.

며칠 후 경찰서로 조서를 받으러 오라는 통지를 받고 엄마는 경찰서로 가 형사와 마주 앉아 조서를 받았다.

"할머니 왜 남의 집 나무를 함부로 잘랐습니까?."

"저는 주인의 허락받고 잘랐습니다."

"알겠습니다. 변호사를 선임하시겠습니까?"

"아닙니다."

"그럼 돌아가십시오."

며칠이 지나 엄마를 다시 호출한 형사는 앞집 아주머니와 대질심문을 진행했다.

"나무를 자르라고 하신 적 있으십니까?"

"저는 자르라고 한 적 없습니다."

형사가 엄마한테 질문을 한다.

"왜 허락 없이 남의 집 나무를 함부로 잘랐습니까?"

"저는 자르라는 허락받고 잘랐습니다."

듣고 있던 형사가 "피고와 원고가 배치된 답변을 하니 거짓말 탐지기를 사용할까요?"

틀림없는 사실이니 엄마는 대뜸 그렇게 하라고 하셨다.

그때였다. 앞집 아주머니가 실토를 한 것이다.

"자르라고 한 거는 맞는데 저렇게 많이 자르라고 한 적은 없습니다. 할머니가 너무 싹둑 잘라 놔서 남편이 화가 난 겁니다."

"아주머니 조금 자르고 많이 자르고의 문제가 아니라 자르라고 했느냐가 문제입니다. 모두 집으로 돌아가십시오."

엄마는 안도의 한숨을 쉬면서 집으로 돌아와 보니 앞집에서 부부싸움이 나 고함 소리가 들리고 한바탕 전쟁이 벌어졌다.

두 부부가 말을 맞추고 고소를 했는데 거짓말 탐지기라는 형사의 말에 부인이 사실을 실토했으니 그 남편은 화가 나서 아내를 닦달한 것이다.

어느 날 앞집 아들이 찾아와 울면서 엄마를 원망했다.

"할머니 때문에 우리 집에 벌금이 많이 나왔어요. 모두 할머니 탓입니다."

"내 탓도 네 탓도 아니고 모두가 나무 탓일세."

엄마가 팔십 평생 사시면서 고소라는 사건을 당하고 마음고생을 많이 하셨다.

그 사건 후 눈만 뜨면 봐야 하는 앞집 내외를 볼 수가 없다고 엄마는 집을 팔고 이듬해 이사를 하셨다.

고모님 여의옵고

나에게는 고모가 두 분 계시는데 큰고모는 자녀가 없다.

큰고모는 고모부가 돌아가신 후 모든 재산을 정리하여 동생인 막내 고모와 조카들한테 맡기고 노후를 의지하며 지내고 계셨다.

11년 전, 설 명절이 되어서 안부 전화를 했더니 전화기 너머로 들리는 목소리에 근심이 가득 실렸다.

자초지종을 물어보니 요양원으로 가야 하는 신세가 되었다며 하시는 말씀이 요양원에 가기 전에 우리 집에 한번 오고 싶다고 하신다. 나는 대뜸 오시라고 하였다.

며칠 후 막내 고모로부터 전화가 왔다.

내용인즉, 요양원 알아볼 때까지 한 달만 모실 수 있었으면 하셨다.

나는 쾌히 그러마고 했고 고모랑 같이 사는 사촌 동생이 옷 보따리 하나만 달랑 들고 모시고 왔다.

고모는 맞벌이하는 막내 고모 아들 집에서 애들을 돌봐 주시며 함께 사셨던 것이다.

그런데 애들이 다 성장하고 고모가 연세가 드시니 고모의 손길이 필요가 없었던 것이다.

그야말로 토사구팽을 당하신 것이다. 억울하고 배신감을 느낀다고 하시면서 그동안(의) 있었던 일들을 하소연하시는데 고모의 말을 다 믿을 수는 없지만 그 심정이 이해는 되었다.

고생을 많이 하셔서 허리는 기역 자로 굽으셨고 관절염이 심해서 진통제로 평생을 사셨다.

그래도 누구 하나 챙겨 주는 이 없고 한평생 건강검진을 받아 본 적이 없다고 하셨다.

병원에 모시고 가서 검진도 받고 이곳저곳 치료도 해 드리고, 맛집을 찾아다니다 보니 훌쩍 한 달이 흘렀다.

막내 고모한테 약속한 대로 모시고 가라고 전화를 했다.

고모는 요양원을 아직 정하지 못했다고 한 달만 더 모시라고 하셨다.

그러나 두 달이 지나고 석 달이 지나도 모시고 갈 기미가 보이지 않는데 자꾸 재촉할 수도 없었다.

어찌할 도리가 없어서 포기하고, '그래. 남을 위해 봉사도 하는데 내 핏줄이니 당연한 일'이라고 생각하며, 그냥 같이 살자고 하였더니 고모는 고맙다고 좋아하셨다. 그렇게 눌러앉아 사신 세월이 어언 11년이 되었다.

고모는 아버지의 바로 밑 동생이시고 나와는 24년 차 29년생 뱀띠시다.

평소에 부지런하시고 남달리 정이 많은 성격이다. 지나칠 정도로 깔끔해서서 같이 사는 데는 큰 불편함은 없지만 처음엔 약간의 걱정과 부담이 되기도 하였다.

'과연 내가 언제까지 모실 수 있을까? 또 잘 할 수 있을까?' 하는 생각에.

그러나 살다 보니 넓은 집에 적막함보다는 서로가 의지가 되었고 남이 아닌 내 살붙이인지라 때로는 서로가 많은 위로도 되었다.

역시 피는 물보다 진하다는 진리도 터득하였다.

오랜 세월 살다 보니 미운 정 고운 정이 들어서 눈빛만 보아도 마음이 통하는 그런 사이가 되었고, 때로는 지나간 옛이야기로 시간 가는 줄 모르고 꼬박 밤을 새우며 우리는 전생에 어떤 사이였는지 궁금하다고 하면서 깔깔거리며 웃기도 했다.

고모는 고향 친정집 옆 동네에 사셨고, 자녀가 없기에 나는 초등학교 입학 전에는 고모 집에서 사는 날이 많았다. 그래서 그런지 고모를 많이 따르고 유난히 좋아했다.

큰조카라고 예뻐하셨고 결혼 후에도 고모 집에 가면 바리바리 싸 주셨던 고모였다.

같이 사시는 동안에도 내가 너한테 해 준 것도 없이 늘 과분한 대접을 받는다고 고맙다고 하시면서도 미안해하셨다.

그러면 나는 신바람이 나서 더 잘해 드리고 싶었다.

시골에 사시다 오셨으니 모든 게 새롭고 신기해하셔서 수영장을 갈 때도, 도서관을 갈 때도, 운동을 갈 때도, 언제나 모시고 다녔다.

한동안 가족 구성원도 다양했다.

딸, 사위, 아들, 외손녀까지 복잡한 환경 속에서 늘 눈치를 보시는 거 같아 미안함도 많았다.

그렇게 잘 사시던 고모님이 3년 전 거실에서 그만 고관절이 골절되는 낙상을 하셨다.

수술과 요양병원에 입원을 반복하시다 지난 3월 31일 산소마스크를 쓴 채로 유명을 달리하셨다.

외로운 병상에서 오로지 나만 기다리시던 고모님! 가족이 없기에 나 혼자서 임종을 하고 나니 슬펐다.

코로나19 사태로 한동안 면회도 금지되어 자주 못 뵈었고 쓸쓸한 장례식을 치르고 나니 고모의 인생이 너무도 불쌍한 생각에 눈물을 주체할 수가 없었다.

그렇게 며칠을 슬퍼했더니 이제는 내가 많이 아팠다.

속이 쓰려서 음식을 먹을 수가 없었다.

아파서 누워 있으니 아들이 "엄마 너무 슬퍼하지 마세요. 고모할머니가 노후에 엄마 만나서 요양원 안 가시고 좋은 환경에 사시다 천국 가셨으니 엄마가 복을 지으셨습니다. 엄마 노후엔 제가 잘 할게요" 하면서 위로를 한다.
말이라도 고맙다고 했더니 진짜라고 한다.

68년을 살아오면서 내가 한 일 중에 고모를 모셨던 일이 가장 잘한 일 같다.
지난 5월 18일 고향 산소에 가서 동생들과 49제도 드렸다.

"고모 이제는 고통 없는 천국에서 편히 쉬시고, 다음 생에는 자녀도 많이 낳으시고 행복하게 사세요. 고모와 함께한 시간들 행복했고 많이 그립고 보고 싶습니다."

가여운 여인

지난해 초여름 아침 앞산 둘레길을 산책하던 중이었다.

운동기구가 있는 장소에서 물도 한 잔 마시고 땀도 식힐 겸 잠시 쉬고 있으려니 내 또래쯤 되어 보이는 경상도 사투리의 낯선 아줌마가 말을 걸어온다.

어디에 사느냐? 나이가 몇 살이냐? 운동기구는 어떻게 사용을 하느냐? 귀찮아 거절하고 싶었지만 꼬박꼬박 대꾸를 해 주고 일어섰다.

그러나 그녀는 허겁지겁 따라오면서 또 말을 걸어온다.

"저기예. 지는 부산에 사는데예. 직장에 다니는 딸 때문에 밥해 주려고 잠시 와서 있는데예. 시집만 가면 다시 부산으로 내려갈 겁니다. 총각 있으면 중매 좀 하이소."

아가씨 나이를 물으니 우리 아들과 동갑이고 명문대를 나와서 공기업을 다니는 엘리트였다. 나도 노총각 아들이 있는데 과분할 거 같다고 사양을 했다.

그녀는 딸이 착하기는 한데 융통성이 없어서 과분할 것도 없고, 지금까지 시집을 못 가고 있는 이유라고 했다. 우리 아들 역시도 착하기는 한데 융통성이 없어서 지금까지 장가를 못가고 있는 이유라고 하면서 박장대소를 하였다.

그렇게 얘기를 주고받다가 어느덧 목적지에 도착해 각자 집으로 돌아왔다.

이튿날도 같은 시간 산책길에 나섰다. 약속이나 한 듯이 또 그 장소에서 그 여인을 만났다. 이제는 초면이 아니라 반갑게 통성명을 하였는데, 내가 두 살 위니 언니라고 하겠단다.

그러면서 오늘은 둘레길은 걷지 말고 산엘 올라가자고 제안을 하기에 난 혼자는 무서워서 못 가는데 동행이 있으니 그러자고 했다. 그런저런 얘기를 주고받으면서 산 정상 정자에 도착하여 휴식을 취하는데 푸념을 늘어놓는다.

남편은 영업용 택시기사였는데 20년 전 바람이 나서 가출을 하고 혼자 산다고 했다. 내가 고생이 많았겠다고 위로를 했더니 아니라고 한다.

남편이 늘 무시하고 구박을 해서 사는 게 지옥이었는데 가출하고 나니까 천국이었다고 한다.

그럼 그동안 뭘 하고 살았느냐고 물었다. 그녀는 동네 조그만 가게에서 화투꾼들 심부름도 하고 막걸리 한잔씩 얻어먹고 살았다는 한심한 얘기를 늘어놓는다.

그 당시 애들은 연년생으로 고3 고2 남매를 두었는데 그냥 방치했어도 각자도생으로 공부도 잘해 명문대를 졸업했다고 한다.

좋은 직장도 얻어 아들은 자수성가로 일찍 결혼하여 삼 남매를 낳아 잘 살고 있다고 한다.

그러나 아들은 엄마 노릇 못했다고 기대지 말라면서 포기각서를 쓰겠다고 해 괘씸하다고 하였다.

딸은 아직은 미혼이고 속도 깊어서 엄마를 책임지는 효녀라고 한다. 그래서 동네방네 딸 자랑을 했는데 시집을 안 가고 있어 요즘 기가 좀 죽었다고 한다.

2년 전에 뇌경색으로 쓰러져 병원에 입원한 경험도 있고 그 후유증으로 혈액순환이 안 되어 몸이 많이 불편했는데 매일 산에 다니면서 건강해졌다고 한다.

그런데 요즘 한 가지 고민이 생겼다고 한다.

생활비로 50만 원만 쓰라고 딸이 카드를 주었다고 한다.

지인의 권유로 혈액순환제 600만 원 중 300만 원은 지인들한테 빌리고 300만 원을 카드로 결제를 했단다.

어느 날 딸이 카드값이 480만 원이 나왔다고 펄쩍 뛰더란다.

엄마가 무슨 부잣집 사모님으로 착각을 한 거 아니냐면서 카드를 압수했다고 한다. 어찌 제 월급보다도 더 많이 썼느냐고 일갈(?)하는데 할 말이 없었다고 울상이었다.

그 후 며칠이 지나 장마도 그치고 본격적인 더위가 시작되었다.
여느 때와 마찬가지로 그 시간 그 장소에서 그녀를 다시 만났다. 오늘도 주저리주저리 신변잡기를 늘어놓는다.
내가 제대로 내담자를 만난 거 같았다.
여인의 딸은 주중에는 숙소에서 지내고 주말에만 온다고 했다. 이 삼복더위에 선풍기 한 대로 지내는데 엄마 앞에 있는 선풍기를 제 방으로 들고 가면서 나는 돈 버는 사람이니 엄마는 더워도 참으라고 하더란다.
딸이 하는 말에 너무 속이 상했다고 하면서 젊어서 허송세월을 보낸 게 후회가 된다고 했다.
정신 차리고 살았으면 자식들에게 대우도 받고 얼마나 좋을까?

신준호

고래 등 같은 집을 짓고 사는 꿈 하나 이뤘다. 이 고래집에서 함께 익어 가는 아내와 알콩달콩 텃밭을 가꾸며 틈틈이 글도 쓴다. 칠순이면 수필집 한 권 엮어 볼 계획이다.

scrmill@never.net

나의 아버지

나는 아버지의 얼굴이 전혀 기억이 나지 않는다.

아버지를 생각하면 그냥 소청에 싸인 조그만 애기 송장만 기억날 뿐이다.

나의 아버지는 내가 세 살, 형이 일곱 살 때 돌아가셨다.

아버지께서는 충남 공주군 유규면 농촌의 부유한 집안에서 태어났다.

아버지는 서울 제일운전학원 수료증을 소지하고 계셨다.

그때는 운전면허증이 따로 없고 제일학원 수료증만 있어도 운전을 할 수 있었다고 한다.

지금으로 치면 비행기 운항면허증과 비교할 정도로 대단하였으리라 생각한다.

그 시절에 소를 몇 마리 팔아 가지고 서울에서 자동차 정비 및 배터리 가게를 운영하시다 비명횡사하신 아버지가 왜 어떻게 돌아가셨는지 아직도 잘 모른다.

아버지는 돌아가시고 정신이 없으니 시신만 내려오고 서울에 누구도 가지도 않고 하시던 사업은 어떻게 되었는지 아무도 모른다.

돌아가셨다는 전보에 집안 어른이신 당숙들과 동네 친구들이 서울로 올라갔다.

그러나 3일이 지나도록 감감무소식이니 이건 분명 아버지께서 살아 계신 거라고 일말의 희망을 가져 보기도 했다.

동네 분들이 집에 있는 닭을 잡아먹으면서 아버지가 내려오시길 기다리셨다고 하다.

그런데 아버지는 돌아가셨다. 그래도 양반이라고 뼈는 고향에 묻혀야 된다고, 시신을 모실 차를 대절하기 위하여 백방으로 알아봤으나 영구차를 구할 방법이 없었다.

할 수 없이 화장장에 가서 좀 덜 태워 달라고 부탁했다. 아버지의 유골을 수습해서 염을 하여 상자에 넣어 가지고 버스를 몇 번 갈아타고 공주군 유구면 고향까지 내려오느라고 3일이나 걸렸다고 한다.

그때는 추울 때라 우리 집 근처에 있는 남의 산에 아버지를 모셨다.

그리고 다음 해인 내가 네 살이 되는 봄에 사초를 한다고 다시 모실 때였다. 아무것도 모르고 내가 따라나서니 어르신들이 가지 마라거나 가도 된다고 의견이 분분하던 기억이 난다.

가기는 갔어도 삼제가 든 사람은 시신을 보면 안 된다 하여

나의 아버지

아래서 기다리다 관이 묘지로 들어간 다음에 나는 묘지가 있는 곳으로 올라가 아버지를 뵙지는 못했다.

할아버지께서는 사업을 하던, 잘나가던 큰아들이 죽고 화병을 얻어 그해 가을에 돌아가셨다.

아버지 밑으로 고모가 둘이고 제일 큰 작은아버지는 17살이셨다고 한다.

아버지 할아버지 3년 상까지 치른 후 할머니와 어머니는 고향을 떠나기로 결심하시고 진외할아버지의 도움으로 할머니 친정에서 가까운 충남 천안으로 이사를 했다.

이곳에 다시 뿌리를 내리고 초등학교를 다니게 되었으니 천안이 제2의 고향이 된 계기가 되었다.

처음에는 고생도 많았다. 하지만 가족들이 부지런히 일해 매년 땅도 사고 산을 사 과수원도 만들고 담배 농사도 짓고 참 열심히들 사셨다.

나는 아버지 때문에 두 번 울어 보았다.

천안에 이사 온 후 추석이 다가오면 매년 공주군 유구로 벌초를 하러 갔다.

그때는 고조 증조 큰할아버지 우리 할아버지 할머니 아버지 당숙들 산소가 이 산 저 산에 널려 있어 한 사람이 가서 고향에 사시는 당숙이랑 3일 동안 벌초를 했다.

친척들이 한 번에 다 모여서 하루에 벌초를 다 할 때도 있었다.

한번은 내가 군대 갈 즈음에 다 같이 가서 벌초를 하는데 점심을 먹고 난 후 당숙 어른이 아버지 산소는 형이랑 너희 둘이 가서 깎고 오라고 하신다.

다른 어르신들은 다른 산으로 간다고 하셨다.

형과 나는 부지런히 아버지 산소에 가서 벌초하고 절을 한 다음 산에서 내려와 냇가에서 세수를 하는데 왜 그런지 울음이 북받쳐 올라왔다.

그렇다고 형이 옆에 있어 마음 놓고 울 수도 없었다.

형의 마음은 어떨까 슬쩍 바라봤더니 형도 세수하면서 나 몰래 울고 계셨다.

지금도 그때를 생각하니 내 눈에 눈물이 흐른다.

나는 울음을 억지로 참았고 형도 내색을 전혀 안 하신다.

형도 크면서 아버지 없는 말 못 할 설움이 가슴에 있었을 것이고, 나는 처음으로 아버지에 대한 그리움에 가슴으로 울었다.

그 후 천안에서 생활이 점점 나아지고 나는 군대에 다녀오고 회사에 입사했다.

벌초 때에는 종친끼리 돈을 조금씩 모았다.

몇 년이 지난 후에 이 산 저 산 벌초하기가 너무 힘드니 조그만 선산을 사서 조상님들 산소를 모시기로 의견을 모았다.

앞산 뒷산 흩어진 산소를 모두 파묘하여 선산으로 옮겼다.
하루 전에 어르신들이 파묘하여 옮겨 놓은 아버지 시신을 처음 보았다.
다른 조상님들은 거의 형체가 알아볼 수 없을 정도의 뼈만 있는 것 같은데 아버지는 머리 몸통 다리를 어렴풋이 상상할 수 있을 정도로 미이라처럼 되어 소청으로 돌돌 말려진 작은 애기 송장이 되어 있었다.
화장으로 달구어진 뼈라 더 썩지 않은 것 같았다.
이것이 내가 자라면서 그토록 보고 싶고 불러보고 싶었던 아버지란 말인가?
내 아버지의 산소를 만드는데 난 아무것도 할 수 없었다.
그저 내 가슴속 깊은 곳에서부터 눈물이 나와 아버지 곁으로 흘러갔다.
내 두 눈에서 솟는 눈물이 볼을 타고 흘러 가슴을 지나 아버지가 계신 곳까지 가는 것 같았다.
아버지를 향한 소리 없는 나의 통곡이 나의 두 번째 사나이 울음이었다.
그리고 산에서 내려와 당숙 집에 모여 이런저런 이야기를 하는데 하늘에서 촉촉이 비가 내렸다.

산소 이장하고 비가 내리면 무고안택굿하는 것보다 좋다고 한다.

이제 이 땅에 나를 태어나게 한 아버지에 대한 큰 빚을 덜어낸 것 같아 조금은 가볍다.

양지바른 산에 아버지를 모셨으니 다시는 아버지 때문에 울지 않으리라 마음먹었다.

왕 회장이 되다

당시 회사에서 지원하는 여러 개의 취미 서클(circle)이 있었다. 축구, 배구, 탁구, 등산, 낚시, 수석, 배드민턴 등등이 있었고 서클마다 한 사람씩 회장님과 총무님이 있었다.

그러나 배드민턴은 한참 부흥이 일던 때라 회원이 너무 많으니까 3개 조로 편성하여 한 조에 한 명씩 회장과 총무를 두고 조별로 편성하여 운동을 했다.

그런데 일 년에 한 번씩 회사에서 지원하는 취미 서클 대회를 하면 3개 조를 총괄하는 회장과 총무를 두어 대회를 총괄하여 행사를 치르게 되었다.

내가 3대째 회장이 되었는데 누가 그런다.

회장님이 4명이나 되니 누가 주관하는 회장님인지 총무님인지 모르니 전체 회장 총무를 왕 회장 왕 총무라 부르자고 한다.

모두들 좋다고 찬성하는 바람에 나는 그날로 왕 회장이 되었다.

그때만 해도 우리나라에 왕 회장은 정주영 회장님 한 분만 계셨는데 우리끼리지만 배드민턴장에서 왕 회장님이라 칭하고 배드민턴 대회를 즐겼다.

그때 그 시절 회사 배드민턴 동호인들은 정주영 회장님이나 누렸던 왕 회장이 되어 배드민턴을 호칭 때문에 호사 아닌 호사를 누리며 배드민턴을 즐겼다.

회사 동호인 대회에서 우승도 몇 번 하고 안양에서 당진으로 내려오며 회사가 분사되고 당진 원룸과 서산 음암 아파트로 회원이 서로 나누어지게 되었다.

배드민턴 동호인 팀도 나뉘어 한 클럽에서 같이 운동할 수도 없고 회사도 어려워져 취미 서클 지원이 없어져 왕회장 칭호가 없어질 때 내 가슴이 많이 아팠다.

현재는 다시 회사에서 지원하고 배드민턴 운동도 하고 있으나 인원이 적어 그냥 한 사람의 회장님만 있을 뿐이다.

'있을 때 잘해'라는 유행가 가사처럼 회장도 영원하지 않고, 왕 회장을 아무나 하는 것도 아니고 언제나 하고 싶다고 하는 것도 아님을 새삼 알게 되었다.

내가 언제까지 배드민턴 운동을 계속할 수 있을까 생각하는 나이가 되었다.

같이 운동하던 친구들이 한두 명씩 운동을 포기하고 클럽에 나오지 않는다.

무릎을 수술하는 친구도 생기고 내가 늘 이기던 후배에게도 게임에서 지기 시작한다.

충청남도 배드민턴 대회에 나가면 잘나가던 친구도 옛날 같지 않다.

이제는 내가 이길 수 있을 것 같은데 막상 들어가 게임해 보면 나도 그렇다.

이제 클럽 배드민턴 게임에서 지는 데 익숙해져야 하는 때가 되어 가는가 보다.

초대

내 동창 중에 육군 소장이 있다.
한마디로 별이 두 개다.
사단장으로 취임할 때 참석해 달라는 연락이 동창회 총무로부터 와서 당연히 만사 제쳐 놓고 참석할 마음으로 회사에 연락하니 당연히 축하해 줄 일이라며 다녀오란다.

그날 아침 일찍부터 단정하게 옷을 차려입고 판문점이 속해 있는 00사단으로 가는 동안 그렇게 기대되고 즐거울 수가 없다.
장교식당에서 점심 식사를 한 후 연병장 사열대 옆으로 가니 사단 정훈 참모가 나와 어떻게 오셨냐고 묻는다.
사단장 취임식에 동창 친구로 왔다 하니 오늘은 동창 친구들의 날이니 사열대로 올라가시란다.
매번 사열대에 경례만 하고 살았지 사열대에 올라가 본 경험이 없는 나는 열병식은 처음 보는 거라 연병장에 도열해 있는 그 많은 군인들을 보니 엄숙해지기까지 한다.

내가 일전에 보지 못했던 군 병력이 집합해 있다.

사단 군악대를 좌측 선두로 3개 보병연대와 각각의 특수병과 또 뒤로는 탱크, 대포, 특수 차량 등등 눈으로 내려다보니 가히 어마어마한 병력과 화력이다.

잠시 후 장군들도 여러 분 오셨고 영관급 장교도 많이 왔다.

마지막으로 군사령관이 헬기에서 내려 사열대로 오실 때는 개미 한 마리 움직이지 못하게 하고 새들까지도 날개를 접고 조용한 것 같다.

잠시 고요한 적막이 흐른 다음 사령관이 도착한 후 사단장 인수인계 열병식이 거행되었다.

사열은 군병역이 움직이면서 사열대에 경례(받들어총)를 하는데 열병식은 이임하는 사단장과 취임하는 사단장 둘이서 나란히 지프차에 타고 도열해 있는 부대 앞을 천천히 지나갈 때 부대원들이 사단장님께 경례(받들어총)를 하는 것이다.

도열해 있는 군병역이 나도 같이 앉아 있는 사열대 쪽으로 사령관님에게 "받들어총" 하고 경례를 할 때 기분이 묘한 게 참 좋다.

사열대 오른쪽은 장군들과 영관급 장교가 앉고 왼쪽에는 시의원과 우리 동창 친구들이 앉았다.

행사가 끝나고 붉은 포도주로 축하를 한 다음 나는 안양으로 내려왔다.

이 좋은 기분을 더 느끼고 싶어 참석하지 못한 고교 동창 몇 명을 불러내 오늘 있었던 일도 이야기했다.

나는 장가가는 날만큼이나 기분이 업되어 내가 쏠 테니 마음껏 마시라고 하고 나도 같이 기분 좋게 한 잔 더 마셨다.

차후에 교직에서 정년퇴임한 외사촌 형님을 만나 이 얘기를 했다.

형님은 제자가 2만 명쯤 되는데 아직 제자 중에 장군은 한 사람도 배출되지 못했다 하신다. 동생은 그런 친구가 있으니 얼마나 자랑스럽고 좋으냐고 말씀하시는데 내 친구가 정말 대단하다는 것을 새삼 느꼈다.

대통령 앞에 서다

천안 고등학교 2학년 때였다.

우리 학교는 반장이 학교행사나 조회 때 반을 통솔하는 것이 아니라 그날의 주번이 학급을 통솔했다.

서울 천안 간 경부 고속도로 개통하는 날 난 주번이었다.

학교에서부터 지금의 천안 인터체인지까지 "서울 천안 고속도로 개통 환영"이라는 플래카드를 들고 맨 앞에서 한 시간을 걸어 그곳에 갔다.

지금 천안의 인터체인지에서 톨게이트가 내리막인데 그때는 도로만 개통되었고 양쪽으로는 흙더미가 산처럼 쌓여 있었다.

우리들은 대통령님이 오시기 한 시간 전에 도착하여 천막 앞의 작은 잔디밭에서 연예인 공연을 보았다.

처음으로 텔레비전에 나오는 연예인도 처음 보았다.

그 시절에 전 세계를 누비던 리틀 엔젤스의 꼭두각시 공연도 처음 보았다.

그 시절 우리 동네에는 전기도 들어오지 않아 집에 TV도 없었다.

그때 천안을 대표하는 천안 고등학교가 맨 앞에 있었고 우리 뒤로는 다른 학교 학생들로 가득 채워져 있었다.

그 뒤로 시민들이 있었는데 처음으로 인산인해(人山人海)라는 말이 실감 나게 하는 날이었다.

나는 다른 학생들보다도 한 발자국 더 앞에서 "서울 천안 고속도로 개통 환영"이라고 쓰인 플래카드를 들고 서 있게 되었다.

내 앞에는 아무도 없다.

천안 시민 중에 내가 제일 앞에서 대통령과 한 시간가량을 마주 보고 서 있게 되었다.

대통령이 오시기 전 하늘에다 축포를 쏘고 불꽃놀이 하는 것도 난생처음 보았다.

천안 시민이 한곳에 가장 많이 모인 날이기도 했을 것이다.

단상천막 위에는 박정희 대통령 내외분하고 10여 분의 사람들이 올라가 의자에 앉고 다른 20여 분은 아래 천막 의자에 앉은 다음 축하행사를 했다.

장관님도 어깨에 별을 단 장군님도 그날 처음 보았다.

그날 집에 와 흥분해서 이야기하였더니 할머님께선 대통령님이 오신다 하여 행사장에 갔었는데 대통령 그림자도 볼 수 없었다고 하신다.

왜 내가 주변인 그날에 서울 천안 간 고속도로 개통하는 날이 되었을까 하는 우연으로 난 가슴이 뿌듯했다.

언제 대통령과 마주할 기회가 나한테 또 올까 막연한 생각도 해봤다.

그 뒤 20여 년이 지난 후에 수출의 날 기념식장에서 대통령과 세종문화회관에서 마주할 기회가 있었는데 아쉽게 대통령이 나타나지 않으셨다.

사장님은 회사를 대표하여 은탑 산업훈장을 받으시고 나는 대한전선의 사원 최초 5,000억 수출 유공자로 표창을 받았다.

수출의 날은 1964년 11월 30일 우리나라 최초 1억 달러 수출한 날을 기념하기 위해서 만든 날이다.

매년 상을 주는 것이 아니라 다음에는 1조, 그다음에는 2조, 그다음에는 5조로 해서 단계별로 상을 준다.

우리 회사는 아직까지 1조 이상 수출을 못 해서 그 이상의 상은 받지 못하고 있다.

세종문화회관에 들어갈 때 대통령이 참석하신다고 공항에서 보안 검색하듯이 검색을 했다. 하여 내심 기대했는데 그해에 IMF을 맞게 되어 퇴임하는 김영삼 대통령을 뵐 수는 없었다. 대통령님을 못 만난 것이 내심으로 서운했다.

그러나 난 다시 좋은 일로 대통령과 마주할 수 있는 일이 생기길 기대하면서 오늘도 열심히 살아가고 있다.

발로 닭 차기

내가 초등학생 때의 일이다.

시골에서 닭을 키우다 보면 닭이 졸거나 머리를 흔들거나 한쪽 방향으로 계속 도는 닭들이 생기기도 했다.

그런 닭들이 생기면 바로 잡아먹기도 하였는데, 닭을 잡아먹을 수 없는 집은 동네에 그냥 돌아다니게 내버려 두기도 했다.

우리는 닭이 너무 많아 한 번에 다 잡아먹을 수도 없었고 또 돈이 되니 시장에 내다 팔아야 했다.

그런 증상이 나타나면 집에 닭들도 전염되고 동네에 그런 닭들이 생기면 없애야 하는데 그렇다고 남의 닭을 어쩌지는 못하였다.

우리 집은 큰 동네랑 조금은 떨어져 있어 그런 일이 별로 없었지만 한번은 우리 닭들도 졸기 시작했다.

삼촌과 나는 그런 닭을 시장에 팔러 갔다.

삼촌은 시장을 돌아다니시다 닭을 사려다 흥정이 깨진 사람을 내게 데리고 오셨다.

그러면 나는 저쪽에서 삼촌이 사람을 데리고 오는 것을 보고 졸고 있는 닭을 발로 차서 닭을 졸지 않게 하는 것이었다.

그러면 삼촌이 와서 닭을 바로 집어 들면 건강한 닭처럼 꽤~액 꽤~액 활기차게 소리를 지른다.

좀 싸게 줄 테니 사라고 하면 흥정하던 닭보다 크면서 싸니까 닭을 잘 사갔다.

그렇게 해서 닭을 다 팔았지만, 집으로 오는 내내 삼촌이 나를 보는 눈이 그리 달갑지는 않았다.

어린 나에게 조는 닭을 발로 차는 일을 시키고 집에 가는 마음이 그리 편하지는 않으셨나 보다.

나도 마음 한구석이 좀 찜찜하기도 했다.

그리고 한참을 쉰 후에 닭을 다시 사다 키웠다. 그때는 그리해도 강한 성질의 우리나라 토종닭이라 그런지 동네 닭들이 다 몰살하지는 않았다. 요즘 같아서는 난리 날 일이고 땅에다 파묻고 잡아먹지도 못하게 하는데 그때는 그렇게 잡아먹고 살았어도 그것 때문에 죽는 사람이 없었고 다들 그렇게 하고들 살았다.

그러나 난 그 일이 있고 난 후 성장해 가면서, 또 요즘 텔레비전에서 닭 전염병이 발생했을 때 방송하는 것을 보면 옛날 그 일이 떠오른다.

그때 그 일이 죄지은 것 같아 좀 언짢은 기분이 든다.

오영욱

오십 즈음에 이미 은발이었으나 자연적인 것이 좋아 염색은 하지 않는다. 자연 친화적인 아름다운 집을 설계하는 건축사로 일하고 있다.

young5061@hanmail.net

국제 迷兒가 되다

1.
여행은 항상 가슴을 들뜨게 한다.
그게 해외여행이라면 더욱 환상적이다. 관광이든, 유학이든, 일이든 말이다.
지금껏 살아온 풍습과 언어와 문화에서 전혀 다른 이질적인 세계를 접해 본다는 것만으로도 신선한 충격일 터였다.
나의 첫 번째 해외 나들이는 당시 사회 초년생의 티를 벗지 못했을 그 시절의 회상에 작은 에피소드의 기억이라고나 할까?

중동 붐이 한창이었던 1980년대 벽두에 나도 여기에 동참을 했다.
5천 세대 아파트 설계를 위해 리비아의 트리폴리로 비행기를 타 본 게, 제주도 신혼여행을 제외하곤 처음이었다. 더구나 해외로 가는 첫 비행이라 얼마나 가슴 설레던지….
당시엔 KAL의 직항이 없었던 터라, 대리급 이상 직원이 기능직 사원 수십 명을 책임지고 대동하고 가던 때였다.

　김 차장과 김 과장은 80여 명의 기능직 사원을 인솔해 하루 먼저 출발하였다.

　난, 그다음 날 30여 명의 기능직 사원을 우리 식구로 하여 목적지로 향했다.

　KAL로 동경을 가서 그곳에서 이태리 국적기인 알리탈리아를 타고 로마까지 가게 되는데, 이 알리탈리아가 나중에 알고 보니 홍콩, 방콕, 뉴델리를 거쳐 가는 완행 비행기가 아닌가?

　그래도 비행기에 앉아 있기만 하면 무사히 목적지에 데려다 주는 것으로 믿고, 설레는 맘을 달래며 느긋해했다.

　동경에서 알리탈리아를 타기 위해 환승할 때도 조금은 걱정이 됐지만, 그곳의 KAL직원의 도움으로 별 어려움은 없었다.

　여행객을 바꾸기 위해 잠깐씩 쉬었다 가는 홍콩, 방콕에서도 면세점을 구경하며 여유를 보였다.

　헌데, 뉴델리에서 삐끗한 비행 스케줄이 앞으로 벌어질 우스꽝스런 사건 전말의 시발점일 줄은 꿈에도 몰랐다.

2.

　뉴델리에 기착한 알리탈리아는 출발 시간이 훨씬 지났는데도 도무지 움직일 기색이 없었다.

동행한 사원들이 왜 그러냐고 나를 향해 눈을 부라렸지만, 외국어에 특히 약했던 나는, 쭈뼛거리다 인솔자 체면에 못 이겨, 겨우 몇 마디 지껄이기는 했다.

이어 되돌아오는 장황한 설명에, 히어링(hearing)이 되어야 면장을 할 게 아닌가?

"기기 고장이래요."라고 대충 둘러댔다. 그리고 이태리 승무원들의 눈치만 살필 수밖에….

하여간 그 비좁은 좌석에 꼬박 앉아, 엉덩이에 곰팡이가 필락 말락 할 5시간이나 지나서야 출발을 했다.

어쨌거나 로마에 도착하니, 그곳에서 갈아타야 할 리비아행 비행기는 이미 출발한 뒤였다. 뉴델리에서 엉덩이에 곰팡이를 피운 게 죄였던 모양이다.

한국에서 한국말로 해도 이런 경우는 뭔 경우지? 할 판인데 해외는 처음인 내가, 그것도 내 한 몸 간수키도 어려운 판에 내 뒤엔 60여 개의 눈알이 반짝반짝 나만 바라보고 있으니 총체적 난관이었다.

이태리 언어는 고사하고, 영어도 잘 안 되는 판국에 뭘 어떡해야 되는지 황당하기가 태산 같았다.

어디가 어딘지도 모르면서 여기저기 쫓아다니며, 비행기 표를 보여 주고 여권을 보여 주고(사원들의 여권과 비행기표는 내가 몽땅 보관하고 있었음) 온갖 손짓 발짓으로 알아낸 결과는 항공사의 잘못 때문이라고 한다.

이 경우 항공사에서 내일 리비아행 비행기로 연결할 때까지 숙박비는 전부 부담한단다.

안도의 한숨을 내쉬며 흘러내리는 비지땀을 손등으로 닦아 냈다.

일행은 항공사에서 제공한 리무진으로 호텔로 향했다. 오히려 로마 구경 잘하게 됐다고 희희낙락이다.

호텔 프런트에서 체크인 수속을 밟으면서 "라피오챠 오솔레미오 케벨라코사…" 등등 알아듣지도 못하는 단어들만 난무하던 중에 갑자기 단번에 알아들을 수 있는 단어가 내 귓등을 때리고 있었다.

"아니 이거 오영욱 씨 아냐?"

난 순간적으로 "어라? 왜 이렇게 갑자기 히어링이 좋아졌지?" 감탄하며 멍한 채로 돌아봤더니, 지금쯤이면 벌써 현지에 도착했어야 할 김 과장이 그곳에 서 있는 게 아닌가?

놀랍기도 하고 반갑기도 하고 누구와 상의를 좀 했으면 했는데, 그 파트너를 만난 것 같기도 하다.

하여간 이역만리 떨어진 낯선 곳에서 이렇게라도 보게 되니 맘이 좀 놓였다. 소위 지푸라기라도 잡은 심정이랄까?

놀란 토끼 눈을 하며 "여긴 웬일이요?" 했더니 어제 낮에 도착한 자기 일행은 리비아행 비행기의 보딩카드를 받고 탑승하

려던 찰나, 마침 그곳엔 리비아의 독립기념일 행사에 참석하기 위한 리비아인들이 있었다고 한다.

리비아 국적기에는 자국민 우선주의라며 보딩카드 40여 장을 뺏기고 말았단다.

할 수 없이 김 차장과 40여 명만 리비아로 들어가고, 자기와 40여 명은 항공사의 안내로 이 호텔에서 하루를 묵게 되었다고 했다.

아침에 다시 공항에 갔지만 역시 카드를 받지 못하고 이 호텔에서 대기 중이라고 한다.

"김 과장님은 나보다 더 딱하게 되었네요. 아무리 그래도 그렇지 그런 몰상식한 경우가 어딨어요? 대사관에라도 도움을 청해 보지 그랬어요."

"여기저기 알아내서 전화해 봤지. 근데 말이야. 저쪽에선 '알루(여보세요)'만 외쳐 대는데 도통 알아들을 수가 있어야지. 그래서 그냥 끊어 버렸다."

일행들의 방을 정해 주고, 저녁 식사가 시작되는 시간에 우리 팀을 인솔해 식당 문을 들어서면서 상황은 묘한 상태로 변질되고 있었다.

식당 안엔 김 과장 팀의 40여 명이 이미 와 있었는데, 이 팀과 우리 팀에 아는 사람이 왜 그리 많은지….

직업학교 동창, 해외근무 교육 동창, 국내에서 같은 현장에서 있던 친구 등등 당시만 해도 해외에서 한국 사람을 보기 힘든 때였다. 그러니 한국 사람이면 무조건 반가우니, 식당은 순식간에 난장판이 되고 말았다.

싸움하는 것 같은 경상도 사투리에, 질펀한 전라도 억양에, 간간이 끼어드는 충청도 특유의 느릿한 말투가 어우러져 북새통이다.

눈살을 찌푸리며 식사하던 몇몇 외국인들은 슬슬 자리를 피해 나가 버렸다.

처음 보는 뷔페 음식을 맘껏 갖다 먹으며, 식당을 완전히 전세 내 버린 것이다.

조금 창피스러운 감도 없지 않았다. 그래도 모두들 반갑다고 아우성인데 그걸 막을 처지도 못 되었다.

그런데 하루가 10년 같았던 오늘보다, 더 큰 상황이 그날 늦은 밤에 실행에 옮겨지고 있을 줄이야….

3.

늦은 밤, 피곤했던 하루를 뒤로하고, 해외에서의 첫잠을 청하려고 할 즈음, 김 과장은 내 방을 노크하고 있었다. 걱정이 태산 같은 표정에 풀죽은 어깨가 쳐져 있다.

"오영욱 씨, 돈 좀 가진 것 없소?"

어차피 목적지에 가면, 먹여 주고 재워 주고 해서 큰돈은 필요 없을 테고, 더군다나 리비아는 미국과 철천지원수로 지내고 있던 터였다. 달러를 소지하면 재미없다는 교육을 받았기에 비상금으로 바짓가랑이에 꽁꽁 숨겨 놓은 100불짜리 한 장이 전부였다.

"이것뿐인데요."

"거참." 김 과장은 난감한 표정이다.

이 호텔에선 하루만 케어할 뿐 그 이후로는 모두 자비 부담이라고 한다.

사원들과 협의해 봤지만 모두가 빈 호주머니에 비상금만 몇 푼씩 지니고 있었다.

숙박비가 정확히 얼만 줄은 모르지만 특급호텔에 수많은 인원이었으니, 몇 백 불로는 어림도 없는 액수일 것이 뻔했다.

우린 둘이서 한참 동안을 "어떡하지?"로 고민하다가 "내일 일은 내일 걱정하자"며 풀죽은 몸뚱이를 침대 바닥에 뉘었다.

이튿날 아침이다. 우리 일행들을 깨워 식당으로 내려갔다.

어젯밤의 일과 어제저녁처럼 또 북새통을 만들면 어쩌지 걱정하면서….

근데 이게 웬일인가? 식당엔 우리 일행뿐이었다.

김 과장의 팀들은 어디에서도 찾을 수가 없었다.

우리 일행은 의아해하면서도 말이 짧아 호텔 측에 물어볼 수도 없었다.

난감했다. 아침 일찍 우리를 공항에 모시고 갈 리무진의 독촉에 '먼저 공항으로 갔을까?'로 자위해 보며 우리 일행은 버스에 올랐다.

리비아에 도착과 동시에 트리폴리의 본부 캠프에서는 때 아닌 난리가 나고 있었다.

40여 명의 인원이 로마에서 증발해 버렸으니, 난리도 보통 난리가 아니었다.

서울의 본사, 런던의 구주본부, 트리폴리의 본부에 텔렉스가 난무하고 사람 찾는 특공대를 보내니 마니 한다.

최종적으로 본 사람이 나였으니 나도 덩달아 여기저기 불려 다녔다.

당시 북한과도 극도의 대립 중에 있던 때라, 반공교육 때 이곳엔 북한 사람이 많이 설치니 조심하라는 말을 많이 들었던 터였다.

혹시 그쪽에 갔을까? 별의별 생각이 다 들었다.

여비도 없을 텐데 무슨 사고가 생겼다면 어쩌지 하는 걱정으로 3일을 보냈을 즈음이다.

퀭한 눈과 양 볼은 쏙 들어간 채 반쯤은 거지꼴로 김 과장이 우리 앞에 나타났던 것이다.

그래도 너무 반가운 마음에 "살아서 돌아왔구나"를 외치며 그를 끌어안았다.

"고생 많이 했지요. 우째 사람이 이런 꼴이 됐노" 하며 반가움 반, 동정 반을 그에게 퍼부었다.

그는 빙그레 웃으며 "걱정 많이 했드나. 난 재미만 좋더라" 한다.

그는 3일 동안의 '로마의 휴일'에 관한 보따리를 풀기 시작했다.

4.

그날 밤 김 과장은 피곤한 육신을 침대에 뉘었지만 잠이 오지 않았다.

일행 중에 연장자 되시는 몇 분을 두드려 깨워, 무슨 좋은 방법이 없을까 궁리 끝에 최종 결론을 냈다.

그건 '도망가자'였다.

2~3명씩 짝을 지어 밤공기 쐬는 척 밖으로 나가서, 저기 멀리 보이는 커다란 나무 밑에 모이기로 했다.

새벽이긴 하지만 다행히 버스를 이용해 로마 시내로 진입하는 데 성공했다고 한다.

그날부터 로마의 곳곳을 돌아다녔다.

영화 《로마의 휴일》에 나오는 트레비분수, 스페인광장, 진실의 입, 콜로세움 등과 베드로 성당, 바티칸 시티 등등을 다 돌아보았다.

뒷골목 분위기로 눈요기하고 국내에선 보지도 못했던 차 속에서의 웬 남녀 사랑 전쟁(?)도 곁눈질로 보면서 킥킥대기도 했다.

우리나라 사람들처럼 로마의 분위기도 뭔가 항상 급하다는 걸 느끼기도 했다.

밤이 되니 잠자리가 문제였다나? 그래서 기껏 돌아다니다 찾은 것이 지하도로였다.

신문지를 바닥에 깔고 마치 머리빗처럼 40여 명이 나란히 누웠으니 안 봐도 가관이다.

로마의 국제 노숙인 신세로 전락한 것이다.

그래도 종일 돌아다니다 누운 자세는 편하기만 하더란다.

어느 골목을 지나면서 한국 식당도 보게 되는데, 반가움에 떼거지로 들어갔더니 더 놀라는 사람은 한국인 식당 주인이었다.

그래도 피는 물보다 진하다고, 고국에서 온 떼거지들에게 동포애(?)를 느낀 주인이 염가의 식사를 베풀었다. 그 덕에 주린 배를 북을 칠 수 있게 해 주었다고 고마워한다.

거기다 김 과장의 일행 중엔 주방장 주특기도 있었다. 그이가 주방에서 요리 실력을 발휘하는 통에 식당 주인의 넋을 빼놓았다고 한다.

한국 음식 주방장 구하기가 그곳에선 하늘의 별 따기였다. 식당 주인이 여기 남아서 도와 달라고 붙드는 바람에 주방장은 김 과장에게 여권을 돌려 달라고 떼를 썼다. 얼마나 졸라 대는지 김 과장은 그걸 말리느라 땀깨나 쏟았다고 한다.

김 과장은 리비아행이 걱정되어 대사관을 찾으려 애썼으나, 당시는 해외 관광여행이 쉬운 때가 아니라서 이렇게 구경 다니는 것만으로도 감지덕지라 여겼다.

이왕에 이렇게 된 것 실컷 구경이나 해야겠다는 열망이 더 컸더란다.

덕분에 3일간은 로마 시내를 원 없이 돌아다녔다. 어디 가면 뭐가 있는지 구석구석 골목길도 다 알아 뒀단다.

목 잘리면 가이드 하면 되겠다며 웃는다.

그땐 북쪽 사람 보는 것이 무척 신기할 때였는데, 리비아로 들어올 때 공항에서 북한 사람과도 맞닥트렸던 모양이다.

그러나 인원으로 밀어붙이니 저쪽에서 슬슬 피하더라고 했다.

무섭게만 생각되었던 그쪽 사람들도 별거 아니더라고 했다.

우리는 호기심과 부러움과 때론 배를 움켜쥐면서, 시간 가는 줄 모르고 김 과장의 로마 유람기(?)를 경청했다.

  그때의 김 과장은 지금도 '로마의 휴일'이라는 별명으로 불리고 있다.

장하다 유지현

미국 미시간주에 있는 미시간대학교 앤아버 캠퍼스, 여기에 총장 산하 연구소인 'Office of Academic Innovation(학술혁신센터)'가 있어요.

이곳에서는 대학 내 학위과정을 평가하고, 재개편해서 디지털 교육혁신을 주도하는 곳이죠.

조금 쉽게 말하자면, 교육 디지털화의 첨단기지* 같은 곳이라고 할까요?

여기에 위원으로만 있어도, 영광인 거죠.

홍일선 친구의 둘째 딸 유지현(미시간대학교 교육학 교수)은 지난(2018년) 7월 한 달간의 휴가로 아들과 함께 한국을 찾았습니다.

지난 2015년 11월에 있었던 이화여대 교육학과 창립 100주년 기념 세미나에 특별 강의차, 이화여대의 초청으로 잠시 찾은 이후, 처음 모국방문이라 재밌게 휴가를 지내려고 이곳에서

---

* 요즘 코로나로 인한 비대면 교육 때문에 더더욱 필요한 기관이 됐다고 함

도 많은 계획을 잡았었지요.

그러나 지현이는 엉뚱하게도 숨겨둔 카드(계획)를 꺼내 들었답니다.

저 위에 얘기한 '학술혁신센터' 소장을 뽑는다고 해 지원했다고 합니다.

그리하여 약 3주일 뒤에 있을 인터뷰를 준비해야 한다나요?

인터뷰는 영상 인터넷으로 하게 되는데, 영어가 버벅거리면 안 되고, 답변이 막혀서는 더더욱 안 되니 이화여대 도서관 등을 전전하며 준비를 해야 한답니다.

드디어 인터뷰 날이 되어서 일선 씨 사위(현재는 한국에 있는 다국적 회사의 미국 파견 근무 중임)가 다니던 회사에 가서 장시간 영상 인터뷰를 하게 됩니다.

지원자가 미시간대 앤아버 출신 박사가 엄청 많았나 봅니다.

열띤 화상 토론도 하고, 질의응답도 하고, 일단은 잘 끝냈다고 하더군요.

그러고는 8월 초, 미국에서 영상 인터뷰로 합격한 최종 2인의 면접을 하게 됩니다.

어쩌면 여기까지 온 것만으로도 개인의 영광이겠지요.

상대방은 미국 사람에 미시간대 앤아버 출신 박사 출신이고, 지현이는 아직 영주권이 없는 아시아계에 퍼듀공대 박사입니다.

소위 간판으로 보자면 한참 아래인 셈이죠.

이틀에 걸쳐 진행됐던 면접인데, 미시간대학 측에서 또다시 불렀답니다.

개인 면접을 한 번 더 한 거죠.

아마 학교 측에선 많은 고민을 한 거 같았습니다.

그 와중에 퍼듀공대에서 지현이를 추천한 교수들이 "지현이를 뽑으면 미시간의 복이 될 거요"라는 조언도 덧붙였고요.

젊은 나이에 퍼듀공대의 학창 시절부터 버지니아공대 교수 시절에 이르기까지 미국과 유럽 등 학술대회에서 발표한 수많은 논문들이 호평을 받았던 것도 한몫을 했겠지요.

비록 유색인종이지만 전혀 밀리지 않는다는 귀띔도 받게 됩니다.

그래도 긴가민가해서 마음을 놓을 수는 없었지요.

오늘 아침에 문자가 왔네요. 지현이가 낙점이 되어 소장에 선임됐다는 반가운 소식입니다.

"그래? 축하하네."

트럼프 때문에 영주권 받기도 까다로워졌다는데, 이젠 미시간대에서 확실한 신분보장으로 밀어주게 될 것입니다.

본인의 경력은 물론 미국 교육계의 진출에도 견고한 징검다리를 놓게 된 셈입니다.

축하한다는 문자를 보냈더니 이렇게 답변이 왔네요.

"사실 현재 직장(일반 교수직)이 여러모로 편리한 환경이었어요. 하지만 안주하고 싶지 않았고 무언가 의미 있게 한발 나아갔다는 생각이 들어요. 축하해 주셔서 감사해요. 수월한 시작이 되기를 기도해 주세요."

이번 지현이 건을 보면서 미국이 왜 강대국인지를 다시 알게 되네요.

우리 같으면, 특히 어느 기관의 직속 기구라면 그 단체의 장 자리를 인맥, 학연, 지연, 같은 코드, 자기 계열 등의 사람으로 채우려 하겠지요.

헌데 이들은 능력 위주, 실지로 할 수 있다고 판단되는 사람을 공정하고 철저한 시스템 속에서 가리고 또 가려서 뽑는다는 사실입니다. 그러니 지현이 같은 외국인이 그 학교 출신도 아닌데, 이런 주요 직책을 맡을 수 있었겠지요.

어찌 보면, 정말 소름 끼치게 합리적 사고방식이라는 생각이 듭니다.

지저스 크라이스트 슈퍼스타

1.

출근길에서 육교에 걸려 있는 한 현수막을 보게 된다.

'지저스 크라이스트 슈퍼스타 공연'

그렇군… 30여 년 전 뮤지컬이라곤 처음 보면서, 엄청 큰 감동으로 다가왔었다.

예수 역에 이종용, 유다 역에 김도향, 빌라도에 유인촌, 막달라 마리아에 윤복희, 헤롯에 곽규석 등.

마침 그 당시 주위의 종용으로 성당에서 영세 교육을 받던 중이라, 호기심도 있었고 뮤지컬 슈퍼스타가 어떻다는 것도 신문지상(紙上)을 통해 듣던 터라 꼭 한 번 보고 싶었다.

그 기대는 저버리지 않았다.

관람 후 감격해했던 그 기세로, 그날 현장 구매했던 LP판을 계속 돌려야 했으며, 며칠 지나지 않아, 유다 역에 더블 캐스팅인 추송웅을 또 보러 갔었다. 거금을 두 번이나 들이면서….

당시 팝송으로 귀에 너무나 익어 있었던 막달라 마리아의 'I don't know how to love him'과 인간적인 고뇌가 잔뜩 묻어 있던 예수의 아리아 '게세마네'. 그리고 슈퍼스타가 탄생되기 위해 자기를 이용했다며 유다가 노래한 '유다의 죽음'에서 "예수여 당신은 몰라요. 당신을 위해 당신을 죽이고, 나는 내일부터 멍에와 고뇌로 살아가리라."

애기인즉슨, 유다가 없었다면 십자가도 예수님의 부활도 없었을 것이다, 라는 예수님과 유다의 관계를 재해석한 아이디어가 재밌고, 록 멜로디가 끝내줬었다.

특히 예수가 최후의 만찬을 끝낸 후, 주님께 대드는 듯한 '게세마네'의 가사,

"내 일생에 무슨 죄로 가시 많고 험악한 이곳에 날 보내시어 이 고통을 받아야 합니까? 가라실 땐 언제시고 독잔을 받으라니요. 나 십자가에 못 박혀 죽으면 당신은 무슨 상을 주실 건가요? 알고 싶소. 알고 싶소. 보여주오. 보여주오." 그러곤 순명한다.

"주님 받겠습니다. 주시겠다는 그 잔을… 하느님 뜻 이루소서. 주신 잔을 받습니다. 제 마음이 변하기 전에 지금 그 잔을 주소서…."

이 뮤지컬이 말하고 싶은 핵심은, 이 '게세마네'에 다 있는 거 같았다.

그리고 이종용은 예수 역에 감명되어, 현재 미국에서 목자의 길을 걷고 있다고 한다.

2.
30년 후의 슈퍼스타는 어떤 감동으로 다가올까? 이게 궁금했다.
더구나 원작은 너무 센세이션해서 그 당시의 한국 공연은 종교적인 냄새를 가미했다고 한다.
헌데 지금은 원작에 충실했다니 이 역시 궁금하다.
결국은 한 달 전에 표를 예매하고 말았다.
의상이 달랐다. 예전엔 그 당시의 의상이었지만 지금은 청바지에 티셔츠나 가죽 잠바차림이다. 헤롯이나 빌라도의 군대는 스타워즈나 나치스의 군대처럼.
번뜩한 후레쉬가 등장하고, 예수님이 십자가를 질 때는 사진기자의 카메라와 인터뷰 마이크가 난무한다.

유다의 연기는 예수님의 멱살도 잡는다.
예전에 있었던 마지막 부분에 예수님의 부활 장면도 없다(원작엔 원래가 없었던 것이라 함). 그리고 좀 더 경쾌해진 록뮤직.
헌데… 좀 더 인간적인 것으로 다가간 것이 원작에 충실하고 새로운 버전으로 바뀌었다. 하지만 난 예전 것이 더 감동적이었다고 생각된다.

출연한 배우도 그때가 더 짱짱했던 것 같다.

사실, 예수 역을 맡은 박완규가 보고 싶었다.

4옥타브를 오르내리며, 특유의 샤우트 창법(고음에서 내지르는 창법)을 구사하는 그.

비록 노래방 음정 내림 버튼을 7번이나 눌러야만 겨우 부를 수 있는 '천년의 사랑'이 내 애창곡이어서 그럴까?

그러나 조금 싼 비용으로 볼 수 있는 시간을 선택한 것이 실수였다.

예수의 캐스팅이 달랐다. 아쉽다.

그렇다고 예전처럼 또 보러 갈 엄두는 나지 않는다.

특히 더 아쉬웠던 건 음향이었다.

마이크 아님 스피커? 아니면 음향설계? 어디가 문제인지 모르겠지만 고음에서 소리는 무너지고 있었다. 뮤지컬에서 가사 전달이 잘 안 된다면… 이건 비극이다.

단순한 무대 배경 〈오페라의 유령〉에서 매우 현란하게 무대 전환이 된 게, 눈을 버려 놨음일까?

물론 제작비의 차이도 컸겠지만 암튼 아쉽다.

일반 영화 10편 이상은 보러 갈 자금을 투자 한 건데 말이다.

이번엔 CD도 제작하지 않아, 또 한 번 들어 볼 기회도 없다.

막달라 마리아 역의 이연경은 괜찮았다.

어쨌든 똑같은 뮤지컬을 보고 들으면서도 나에게 있어선, 현대 버전은 잘 안 어울리는 것인지… 나이가 들어서만은 아닌 거 같다.

하지만 10년 뒤에 또 공연이 있다면, 또 보러 갈 것이다.

임영희

세종 출생으로 한국문인협회, 한국작가회의 회원으로 활동하고 있다. 시집 『맑게 씻은 별 하나』 『날마다 너를 보낸다』 『나비가 되어』 외 다수가 있다.

im02@hanmail.net

나의 아버지

요즘 남북 이산가족 상봉을 우리나라가 아닌 제3의 장소에서 추진한다는 보도가 있다.

북한 제재 문제가 있으니 약간의 편법을 써서라도 성사가 된다면 나쁜 일은 아닐 거라 믿는다.

신청자가 오늘내일하는 고령자로서 생전에 피붙이 한 번 보고 눈을 감고 싶다는데 이념 따위가 대순가 하는 생각도 든다.

아버지는 6.25 납북 의용군이었다.

6.25 전쟁이 발발하고 나의 아버지는 20대 후반에 어머니와 두 오빠를 남겨둔 채 반강제로 납북 의용군 대열에 합류하게 되었다고 한다.

자의 반 타의 반으로 마을에서 5명이 차출되어 낮에는 산에서 숨어 지내고 밤길을 걸어 북으로 향했던 것이다.

그런데 아버지에게 심경의 변화가 왔다.

함께 간 동료들에게 은밀하게 우리 죽더라도 고향 가서 죽자는 뜻을 전했지만 다들 고개를 저었다고 한다.
 아버지는 시시각각 인민군의 방심한 틈을 노리다가 남한으로 발길을 돌리는 데 성공하셨다고 한다.
 돌아오는 길도 몇 번인가 사지를 넘나들었다.
 아군에게 포로가 되어 수용소에서 고생하다 풀려나고 또 잡히고를 반복했다고 했다.
 이념과 사상이 다른 포로들을 함께 몰아넣은 수용소에서 밤이면 피비린내가 진동했다고 했다.
 이념전쟁으로 암투가 벌어져 목을 조르거나 쇠꼬챙이로 찔러 죽여 철조망 너머로 시신을 던져 버렸다고 한다. 그렇게 쥐도 새도 모르게 죽어 가는 시체가 즐비했다고 했다.
 전쟁의 참혹한 실상을 겪으면서 아버진 이쪽과 저쪽 어느 편에도 끼지 않고 살아남을 수 있었다고 했다.
 어차피 가족이 있는 고향 땅으로 돌아가겠다고 결심한 이상 아버지는 그 일념 하나로 구사일생 돌아올 수 있었던 것이다.

 그 후 연좌제로 부모 형제는 물론 친척 외가 쪽까지 신원 조회가 철저했다. 연좌제에 연루되면 자식들이 공무원이 되는 길은 꿈도 꿀 수 없었던 것이다.
 육사에 입학해 최고의 요직까지 두루 거친 전 한민구 국방장관의 외삼촌이 그때의 일행 중 1명이다.

하지만 친할아버지께서 의병장으로 활약한 덕분에 연좌제의 관문을 돌파한 게 아닌가 나는 짐작한다.

청주 상당공원에 한봉수 의병장 동상이 있다.

장관 시절 사드 문제가 대두되면서 당시 야당에 의해 할아버지께서 친일을 했다는 논란에 휩싸이기도 했지만 친일로 보아서는 안 된다는 검증을 받은 바 있다.

아버지는 당신의 행적을 자식들에게 한 번도 말씀하시지 않았다.

어린 시절 어머니께서 아버지께 들은 말씀을 전해 들었고 나도 기억을 더듬어 이 글을 쓰니 정확한지는 장담할 수 없다.

역사물을 쓸 때는 각종 자료를 찾아 객관적으로 접근해야 하는데 말이다.

나룻배와 선장

몇 년 전 등산이라는 마력에 푹 빠져 지내던 때가 있었다.
그땐 길을 가다가도 등산복 가게만 보면 저절로 이끌리듯 가게 안으로 빨려 들어갔다.
무슨 등산을 그렇게 할 거라고 비싼 건 할부로 싼 건 일시불로 카드를 내밀고 바리바리 쇼핑백을 들고 나왔다.
그러다 등산을 딱 접게 된 결정타가 한 방 있었다.
초여름 수락산행을 하는 도중 눈썹 주변이 가렵고 근질거렸다.
땀은 비 오듯 하고 나는 가렵고 근질거리는 부분을 마구 문질렀다.
그리고 그날 저녁 심한 몸살을 앓았다.
몇 번 경험으로, 몸살 기운으로 그러려니 하다 눈에 이상이 와 찾아간 안과에서 '대상포진'이라는 진단을 내놓았다.
그 길로 등산은 종을 치는 계기가 되었다.
옷은 다 나눔을 했고 비싼 등산화 몇 켤레는 아까워서 아직도 간직하고 있다.

어디 가볍게 산책을 할 때라도 신으려니 했는데 그것도 여의치 않아 모셔 두고 있다.

저렇게 안 신고 있으면 삭는다는 소리도 들리는데 말이다.

내가 이렇게 비싼 신발(운동화)을 몇 켤레씩 소장해 보기는 처음이자 마지막으로 기록될 것이다.

나는 충남 연기에서 태어났다.

뭐 특별할 것도 없고 그저 고만고만한 전형적인 농촌의 작은 마을이었다.

얕은 산자락 아래 옹기종기 30여 호가 부락을 이루고 살았는데 기와집 두어 채 빼고는 모두 초가였다.

앞에는 작은 시냇물이 흘렀다.

동네 개구쟁이들이 여름에는 벌거숭이로 멱도 감도 물장구도 치며 놀았다.

쑥을 따서 귀를 막고 코는 손으로 막고 숨을 참고 떠내려가는 개헤엄을 즐겼다.

청년들은 솥을 걸어 놓고 버들치며 쏘가리 같은 물고기를 잡아 천렵도 즐기고 아낙들은 가족들의 빨랫감을 이고 와 손빨래를 했다.

만추의 계절이면 새 짚으로 이엉을 엮어 지붕을 단장했다.

동네 아저씨들이 모여 지붕에 사다리를 놓고 올라가 묵은 이엉을 걷어 내고 새 이엉으로 갈아 씌웠다.

그러면 아담한 농촌 마을은 한 폭의 아름다운 풍경화로 걸려 멀리서 바라다보면 장관이었다.

그런 마을에서 동시대에 태어나 어린 시절을 공유한 내 소꿉놀이 친구들은 내 유년의 자양분이 되어 주었다.

신발은 내 몸을 싣고 인생길을 걷는 나룻배라면 나는 방향의 키를 잡고 노를 젓는 선장이다.

지금까지 나는 몇 척의 나룻배를 갈아치우며 항해를 하고 있는 것일까?

내 기억으로는 나의 부모님은 자식들에게 검정 고무신을 신기지는 않으셨다.

형편이 좋아서가 아니라 자식들의 자존감을 챙겨 주시는 배려였다고 생각한다.

우리 부모님은 다행하게도 자식들 눈 밝혀 주는 걸 1순위에 놓으셨다.

눈뜬 봉사는 만들지 않겠다고 말씀하시며 자식들의 교육에 온 힘을 기울이셨던 분이다.

좀 사는 집 딸들도 국민학교만 졸업하면 남동생이나 오빠 뒷바라지로 내몰리는 걸 보면서 나는 부모님께 감사했다.

(학창 시절 방학 때 내려가면 딸이 손님 같아 어렵다는 말씀

을 하셨다고 들었다. 물론 내가 살갑게 구는 성격이 아니라 그렇게 느끼셨던 거 같아서 죄송할 따름이다. 어머니를 끌어안고 얼굴을 비빈다거나 뭐 그런 스킨십(skinship) 같은 걸 한 적이 없었던 것 같다. 형제들끼리 잠을 자다가도 살이 닿는 걸 싫어해 어머니는 차갑다는 말씀을 하셨다.)

어머니는 내게 꽃고무신을 사 주셨는데 좌우 바깥쪽으로 리본 같은 게 달렸던 것 같다.

꽃무늬의 코고무신도 어렴풋이 생각이 난다.

추석이나 설 같은 명절 때 추석빔이나 설빔으로 한복을 해 주셨는데 거기에 맞춰 코고무신을 준비해 주셨다.

그땐 옷감을 끊어 손수 옷을 짓던 시절이었다.

명절이 돌아오면 한 달 전부터 어머니의 손길은 바빠지셨다.

겨울밤에 한잠 자고 깨어 보면 화롯불에 인두를 꽂아 놓고 바느질을 하시던 어머니 생각이 난다.

그때의 어머니가 잠자는 모습을 본 기억이 없으니 늘 우리보다 늦게 주무시고 일찍 일어나셨기 때문이다.

줄자를 사용하던 시절이 아니어서 옷을 지을 때면 어머닌 뼘 짐작으로 옷을 지으셨다.

내 몸을 한 뼘 두 뼘 재시던 어머니의 그 손길을 지금도 기억하고 있다.

그 방법은 신발을 살 때도 예외 없이 적용하셨다. 내 발을 뼘으로 재서 신발을 사오셨다.

간혹 장날 못 가실 경우 남에게 부탁할 때는 지푸라기를 사용하셨다. 볏짚을 한 가닥 뽑아 치수를 재어 부탁하시던 모습도 눈앞에 선하다.

우리 마을에서는 오 리 정도를 걸어서 읍내에 있는 학교에 다녔다.

지금처럼 이것저것 용도에 맞게 갖추어 놓고 번갈아 신었던 게 아니라 딱 한 켤레로 통학을 했으니 신발은 금방 해졌다.

더구나 한창 뛰놀던 시기였고 자갈이 깔린 비포장도로를 걸어야 했다.

부모님들은 아껴 신지 않는다고 야단도 치는 촌극(?)이 벌어지는 상황도 왕왕 있었던 시절이다.

오죽하면 우스갯소리 같은 일화가 입소문을 타고 번졌을까 싶다.

어떤 구두쇠가 신발을 아껴 신는 방법이라며 신발을 들고 걷다가 저 앞에서 사람이 오면 얼른 신고 가다 벗으라고 했다.

그러자 구두쇠 2가 말했다.

그러면 신발이 닳게 되니 얼른 신발을 신고 사람이 지나갈 때까지 서 있어야 한다고 했다던가?

아마 작금(昨今)의 애들이 들으면 호랑이 담배 피우던 시절의 설화(說話)쯤으로 치부하고 말 것이다.

그러다가 이 작은 마을에서도 운동화가 선을 보였다.

까만색에 앞부분만 살짝 직사각형의 흰색을 한 그 운동화가 그때는 촌뜨기 소녀의 눈에는 참으로 멋스럽게 보였다.

나는 국민학교 고학년 내내 그 운동화를 애용했다.

그러다가 중학교 입학식에 입을 새 교복에 오리표 운동화를 사서 몇 번씩 끈 매는 연습을 하며 거울 앞에서 홀로 패션쇼를 했다.

고등학교 때는 충정로 양화점에서 단화를 맞춰 신는 호사를 누리기도 했다.

참으로 부러울 것 없는 꿈 많은 나의 소녀 시절은 그렇듯 소박하게 흘러갔다.

토요일이면 어김없이 칫솔로 깨끗하게 빨아 댓돌 위에 나란히 놓고 말려 신었다.

겨울이면 동태처럼 꽁꽁 얼어 뻣뻣한 운동화를 부뚜막에 말렸는데 그래도 덜 마르면 어머니는 아궁이에서 숯불을 끌어내 말려 주시는 수고를 하셨다.

운동화 한 켤레 새 옷 한 벌로도 행복했던 우리들이지만 나는 그 시절이 그립다.

그때의 마을 사람들은 정으로 맺어진 사이였다.

물론 임씨들이 사는 마을이라 따져 보면 다 친척 관계지만 서로 네 일 내 일 없이 도와가면서 살았다.

신발이나 교복, 교과서도 스스럼없이 물려 입고 물려주었다.

그래도 누구 하나 불평 없이 물려받은 교복이나 운동화를 신고 교과서로 공부했다.

학교 보내주는 것만으로도 최고의 혜택으로 알고 축복이라고 감사하면서 살아온 우리 세대들은 이제 남은 생은 즐기고 누리며 살았으면 한다.

내 형편이 허락하는 한도 내에서 마음껏 행복해도 괜찮지 않을까?

기호에 알맞게 분수에 어긋나지 않게 말이다.

물론 자유롭되 방종(放縱)은 금물이다.

보릿고개가 녹록지 않던 시절
까무잡잡한 깡마른 계집애는
단발머리 나풀대며
거침없이 산과 들로 내달렸지요
송홧가루 풀풀 쏟아져 내리고
진달래 꽃 따고
산딸기 따고
달래와 쑥과 씀바귀를 캤지요

여덟 살 적엔 엄마 손에 이끌려
경쟁 구도의 첫 관문인
읍내 국민학교에 입학했지요
망아지처럼 뛰어놀던 들판보다

넓은 세상이 펼쳐진다는 것도
어렴풋이 깨달았지요
검정 교복에 흰 카라가 눈부시고
오리표 운동화를 신던 날
고삐 풀린 망아지는
가슴 설레는 나비가 되었지요
하얀 양말 접어 신은 두 발을
운동화 속에 쑥 집어넣으면
한 마리 날개 달린 나비가 되어
나는 듯 가볍게
사뿐사뿐 앞으로 달려갔지요
가슴 가득 꿈을 안고
훨훨 날아가는 나비가 되어

임영희의 『나비다 되어』 전문

분수를 안다는 것

서울의 동생에게서 일산 사촌 동생 집에 어머니가 숙모님과 함께 와 계시다는 전화를 받았다.

그다음 날 부족한 수면으로 인하여 부스스한 몰골로 아침부터 서둘렀다.

몇 년 만에 가 본 일산은 신도시 개발 사업으로 많이 변해 있었다.

자전거를 타고 마중 나온 사촌 동생을 따라 탁 트인 들길로 들어섰다.

여기저기 비닐하우스가 눈에 띄고 이따금 널찍하게 들어선 주택들의 담장을 타고 화려한 넝쿨장미가 흐드러지게 피고 있었다.

이윽고 커다란 저택 앞에 세운 동생을 따라 집 안으로 들어갔다.

우리 부부는 놀라서 연신 탄성을 질렀다.

소시민으로 살아온 우리 부부는 두 눈이 휘둥그레질 만큼 호화저택이었다.

세월의 무게는 누구도 어쩌지 못해서 어머니도 숙모도 많이 늙으셨다.

이런저런 얘기를 하며 상추를 솎아 겉절이도 해서 점심 식사를 마쳤다.

사촌 동생은 미안한 듯 머뭇거리며 남의 열무 뽑는 일을 간다고 했다.

제부가 하루 쉬라고 하자 때를 넘기면 상품 가치가 없어져 안 된다고 자기 일처럼 적적인 동생의 마음 씀씀이가 넓고 깊다.

더구나 품앗이가 아닌가?

"형부, 일찍 와서 저녁 지을 테니 드시고 가세요" 한다.

우리는 걱정 말고 다녀오라고 했다.

빙 둘러앉아 시간 가는 줄 모르고 먹고 마시고 놀다가 해가 설핏 기울자 어머니와 숙모가 배추를 솎는다고 일어나셨다.

우리도 거들기로 하고 일어났다.

헌 옷과 모자를 얻어 쓰고 배추밭으로 향하는데 남편이 큰 일꾼이나 된 것처럼 "자네는 술이나 받아오게." 해서 한바탕 폭소가 터졌다.

제부가 정말 술을 받아오겠다고 나섰으나 아무도 말리지는 않았다.

어느새 제부가 밭두렁에 막걸리며 열무김치와 아이스크림 등을 펼쳐 놓는다.

단숨에 막걸리 한 잔을 들이켠 남편이 말했다.

"품값을 정하지 않아서 영 찝찝한데…."

"기술을 배워 취직하려면 학원을 다녀야 하니까 우리가 실습비를 받아야겠습니다."

제부도 질세라 일침을 가한다.

하하하 호호호 들판이 떠나가라 웃고 떠들었다.

땅이 몇 평이냐고 묻자 이천 평이라고 답한다.

대충 시가로 환산해 본 우리는 엄청난 숫자에 실감이 나질 않는다.

평범한 샐러리맨으로 겨우 집 한 채 장만해 살고 있는 우리가 부러운 것은 단순히 땅값이 올라 벼락부자가 되었다는 사실이 아니다.

거드름이나 피우는 졸부들의 티를 전혀 내지 않는 사촌 동생 부부의 건실한 자세가 더 놀랍고 대견한 것이다.

나 같으면 어땠을까?

땅 한 귀퉁이 잘라 팔아서 편하게 살고자 하지 않았을까?

몇 년 전, 큰 수해로 가옥이 침수된 탓에 집만 새로 지었을

뿐 그대로 열무 농사를 짓고 있는 부부의 땀방울이 보석보다 더 빛이 난다.

재물이란 살아가면서 꼭 필요하지만 넘치면 마약 같은 존재다.

여기저기서 뻗어 오는 유혹의 마수에 걸리지 않고 자신의 자리를 굳건하게 지켜 내는 그들의 건강한 자세를 우러러보는 것이다.

흙 묻은 손으로 이마의 땀방울을 훔치며 허리를 펴는데 저만치서 동생이 저녁밥을 지어 놓고 웃는 얼굴로 우리를 부르고 있다.

참으로 오랜만에 들일하고 먹는 밥이 꿀처럼 달다.

상추와 열무 등 푸짐한 선물을 한 아름 받고 정다운 얼굴들의 배웅을 받으며 돌아오는 길이 새털처럼 가벼웠다.

다슬기국을 끓이며

 시장바구니가 힘에 겨워 잠깐 어느 집 대문 앞에서 쉬고 있을 때였다.
 후덕하게 뵈는 아주머니가 손수레에 커다란 함지박을 싣고 땀을 뻘뻘 흘리며 내 앞을 지나가고 있었다.
 "아주머니 그게 뭔가요?"
 평소엔 낯가림을 심하게 하는지라 먼저 말을 해 놓곤 조금 무안해졌다.
 "다슬기인데 한번 보세요."
 하면서 보자기를 벗기니 꼬물거리는 다슬기들이 수북하게 들어 있었다.
 나는 그 다슬기의 맛을 익히 알고 있어 선뜻 한 양재기를 샀다.
 요즘 이 지역에서 잡은 거라 어떨지 모르겠다고 남편은 위생적인 면을 우려했다. 하룻밤 담가 놓으면 이물은 모두 토해 내겠지 뭐, 하는 생각에 몇 번씩 헹구어 맑은 물에 담가 놓았다.
 토요일지만 일찍 잠자리에 드는 게 습관이 된 나는 선잠이

들었는데 도란거리는 소리에 깨어 거실로 나갔다.

그곳에는 고등학교에 다니는 두 딸이 주말의 명화를 보면 즐거운 담소를 나누고 있었다.

무어든 먹을 것 좀 내놓고 싶어 냉장고를 열었으나 마땅한 게 없었다.

"얘, 우리 다슬기 삶아 먹을까?" 했더니 스스럼없이 "그래요" 한다.

냄비에 소금을 넣고 펄펄 끓는 물에 건져 놓은 다슬기를 재빨리 털어 넣은 후 휘휘 저어 주고 불을 껐다.

다슬기 특유의 구수한 냄새가 집안 가득 차올랐다.

그걸 건져 이쑤시개와 쟁반에 담아 영화에 열중하고 있는 애들 앞에 놓았다.

그러나 두 아이는 한 번 힐끗 쳐다보고는 다시 티브이에 시선을 고정시킨다.

괜히 오밤중에 헛수고를 했구나 하는 생각이 들었다.

큰아이가 내 기분을 알아채고 "우리가 다 까 놓을 게 내일 국 끓여 먹어요." 한다.

그럼 그렇게 하자고, 모녀의 맥 빠진 대화를 끝내고 다시 들어와 누웠다.

이튿날 부엌으로 나간 나는 차오르는 감동으로 가슴이 뿌듯했다.

다슬기를 전부 까서 덮어 놓았고, 껍질도 빈틈없이 마무리되어 있었다.

이토록 작은 일에도 자식 키우는 보람을 느끼는 게 부모들의 마음이 아닐까 한다.

한결 가벼워진 컨디션으로 오늘 아침 국 맛은 최고가 될 것 같은 기분이 들었다. 배추 한 통을 데쳐 우거지를 만들고 냄비에 쌀뜨물을 받아 된장을 풀었다.

마늘, 파, 멸치 등을 넣고 팔팔 끓인 후 깐 골뱅이를 넣고 한소끔 더 끓여냈다.

조반이 늦은 탓도 있겠으나 어찌나 맛있는 냄새가 나는지 입 안에 군침이 돈다.

간을 맞추기 위해 한 숟가락 떠서 입 안으로 밀어 넣던 나는 울컥 목이 메었다.

새삼스럽게 지난날들이 빛깔도 선명하게 눈앞을 스쳐 갔다.

18년 전 결혼 당시 남편은 인천의 P 회사에서 근무하고 있었다.

방위산업체로 우리나라에선 굴지에 속하는 꽤 크고 괜찮은 회사였다.

그런데 어느 날 남편은 직장을 버리고 자존심을 택했다.

상사와의 불화가 원인이었다.

처자식을 거느린 남자가 그 후에 닥칠 시련 같은 건 왜 고려하지 않았을까?

더구나 둘째 아이의 산후가 좋지 않아 무릎관절염으로 거동조차 자유롭지 못했던 나는 참으로 막막했다.

얼마간의 퇴직금과 방 전세금을 빼서 정처 없이 이삿짐을 꾸리던 일, 설상가상으로 큰아이가 옥상에서 떨어져 뇌수술을 받고 살아났지만 수술비 때문에 애쓰던 일, 반찬값이라도 보탠다고 밤 까는 부업을 시작했는데 잘못 깠다고 면박을 줘서 얼마나 부끄럽던지 쥐구멍을 찾고 싶었던 일 등등, 그렇게 숱한 마음고생을 겪은 우리 가족들은 안동군 임하라는 면 소재지의 작은 할아버님 사랑채에 지친 몸을 들여놓았다.

방세도 필요 없고 쌀만 있으면 목숨을 이어가는 데 무리가 없겠다는 판단이 섰다. 한 2년 쯤, 우리는 살아남기 위해 필사적인 노력을 했다.

남편이 남의 농사일을 해 주고 받은 품삯으로 생활용품을 사서 썼다.

산 입에 거미줄 치랴 하는 속담처럼 작은 할아버님이 마을의 동장 일을 보고 계셨는데 마침 동회에서 양곡을 풀어 주는 제도가 있었다.

일단 필요한 만큼 가져다 먹고 그해 가을 추수해서 갚으면 되었다.

외상이면 양잿물도 먹는다는데 우린 쌀과 보리쌀, 밀가루 등을 적절히 들여놓으니 마음이 푸근했다.

그 와중에서도 약 한 첩 쓰지 못하고 다리를 절며 두 딸을 키우던 나는 시댁 어른들의 간곡한 권유로 셋째를 임신하고 있었다.

있는 목숨도 감당하기 힘든데 오로지 양반 댁 맏며느리의 소임을 다하기 위해 아들을 얻으려는 목적에서다.

임하댐이 생겨 지금은 모르지만 그땐 마을 앞으로 작은 강이 흐르고 있었다.

낙동강 지류라서 그리 깊진 않았으나 비가 많이 내리면 강물은 엄청난 속도로 불어났다.

먹구름이 캄캄하게 하늘을 가리면 마을 사람들은 주전자 같은 걸 들고 강으로 나갔다.

그런 날이면 깊이 숨었던 다슬기들이 꾸물꾸물 기어 나온다고 했다.

몸도 성치 않은 내가 두 아이를 데리고 나가는 게 딱해 보였던지 남편은 말렸지만 무미건조한 생활에 회의적이던 나는 그 사소한 소일거리에서라도 사는 의미를 부여하고 싶었는지 모른다. 정말 억척스럽게 물속을 헤집고 다녔으니까.

그렇게 잡아 온 다슬기는 삶아서도 먹고 국도 끓여 먹곤 했는데, 시장에 내다 팔면 돈이 된다는 걸 후에 알았다.
그때부터 우리는 다슬기를 먹지 않았다.
잡는 대로 모아 두었다가 장날 내다 팔면 얼마의 돈이 손에 쥐어졌다. 그걸 몇 번 반복하니 제법 목돈(?)이 되었다.
나는 그 돈으로 병아리 열 마리와 강아지 한 마리를 샀다.
남편은 닭장을 만들고 강아지 집을 짓는다고 법석을 떨었다.
강아지에게 강식이라는 이름도 붙여 주었다.
조금씩 내 소유권이라는 개념이 생기면서 사는 재미도 붙었다.
새 식구가 된 병아리들도 무럭무럭 자라서 알을 품기 시작했다.
그중 한 마리가 쥐에게 물어 뜯겨 분신처럼 가슴이 아팠던 일도 기억이 난다.
명절 때 시댁에 가서 며칠씩 지내다 오면 닭들은 알을 수북하게 낳아 놓고 우릴 기다려 주었다.
다섯 살짜리 큰아이가 잽싸게 뛰어가 바구니에 알을 탁탁 거칠게 담는 바람에 깨져 버려 얼마나 속이 상하던지 두고두고 마음에 담았었다.
지금은 한 폭의 수채화처럼 남아 잔잔한 아름다움으로 눈앞에 펼쳐지는 장면들이다.
그렇게 거기서 영화 같은 삶을 살다가 남편이 직장을 얻어 먼저 상경했다.
우린 남편이 자릴 잡을 때까지 남기로 했다.

남편이 훌쩍 떠났어도 송아지만 한 강식이가 문 앞에 듬직하게 버티고 있어서 우린 조금도 무섭지 않았다.
 드디어 어설픈 대로 자릴 잡은 남편이 우릴 불렀고, 모는 정을 쏟았던 닭과 강식이는 시댁에 맡겨졌다.
 후일 강식이가 쥐약을 주워 먹고 죽었다는 소식을 접하곤 눈물이 핑그르르 돌고 가슴이 아팠다.
 비록 짐승들이지만 내가 힘들었을 때 위안이 되어 주었던 그들을 나는 잊지 못한다.
 그때 얻은 막내딸이 벌써 6학년이 되었고. 우린 가끔 그곳에서의 쓰라렸던 날들을 돌아보며 산다.
 동구 밖까지 배웅해 주시며 몇 푼의 지전을 찔러 넣어 주시던 당숙모님의 은혜도 잊지 않으리.
 옛말하며 살자하시던 그 다정하신 음성이 지금도 들리는 듯해 목이 메었다.

(1993. 7)

착각

 노란 은행잎이 떨어져 수북이 쌓여 가는 D 여고의 교정에, 소슬한 가을비가 추적추적 내려 을씨년스런 풍경을 연출해 내고 있었다.
 은영은 넋을 잃고 창밖을 바라보았다. 학생들이 썰물처럼 빠져나간 교사(校舍)는 쓸쓸한 적요만이 감돌고 있었다.
「커피 한잔하시겠어요?」
 은영이 고개를 돌리자, 임솔희 선생이 커피 잔에 커피포트의 물을 따르고 있었다. 아, 오늘 같은 날은 왜 이리 커피 향이 좋은 걸까?
 은영은 두 손으로 유리보다 투명한 크리스털 커피 잔을 감싸 쥐고 아주 천천히 혀끝으로 커피 맛을 음미했다. 아주 천천히.

 이현우, 그를 처음 만나던 날도 오늘처럼 비가 내렸다.
 겨울을 재촉하는 비바람에 밤새 창문이 덜컹거렸다.
 민감한 체질을 타고 난 은영이는 간밤에 잠을 설쳐 부석부석

한 얼굴로 출근 준비를 서둘렀다. 아파트 베란다에서 올려다본 하늘은 온통 잿빛으로 컴컴했다.

바람은 잦았으나 실비는 여전히 같은 리듬으로 내리고 있었다.

엘리베이터가 10층에 머물자 스르르 문이 열렸다. 습관처럼 왼발을 먼저 안으로 들여놓던 은영은 흑하고 호흡이 멎는 듯했다. 아, 그가 거기 있었다. 처음이지만 전혀 낯설지 않은 얼굴이. 쏘아보는 듯 강한 흡인력을 지닌 그의 시선은 은영을 붙잡고 놓아 주질 않았다. 은영은 그가 자기 인생에 중요한 모티브가 될 거라는 예감에 부르르 몸서리를 쳤다.

「정 선생님, 오늘 좋은 일 있으세요?」

임 선생이 침묵을 깼다.

은영은 긍정도 부정도 아닌 미소로 답했다.

「달리 듣지 마세요. 이건 제 경험인데 좋은 일은 너무 뜸 들이면 탈이 납니다. 신이 질투를 하거든요.」

「임 선생님, 고맙습니다. 그리고 참고하겠어요.」

은영은 동병상련의 임 선생에게 진한 연민을 느꼈다. 혼자인 사람은 안다. 오늘 같은 날은 얼마나 춥고 외로우며, 고독감이 뼛속 깊이 스며드는지를.

그는 모든 걸 완벽하게 갖추고 있었다. 학벌이나 용모, 재력을 모두 겸비한 남자였다. 어디에 내놓아도 손색이 없었고 누구나 탐낼 만한 사윗감이었다. 그는 유수한 대학병원의 소아과 전문의로 근무하고 있었다. 가끔 주차장이나 엘리베이터 주변에서 마주치면 가벼운 목례가 고작이었으나 은영은 결코 서둘지 않았다. 그가 위층에 살고 있다는 사실만으로 충분히 행복했으니까.

그렇게 벌써 1년이 지나고 있었고, 오늘 아침이었다.
막 자동차에 키를 꽂는 순간이었다.
「오늘 커피 한잔할까요?」
화들짝 놀란 은영이 고개를 돌리자 그도 자동차에 시동을 걸면서 고개만 내밀며 웃고 있었다. 아주 화안하게. 은영은 고개만 주억거렸다.
「그럼 몽마르뜨에서 기다리겠습니다. 너무 오래 기다리게 하진 마십시오.」
아, 얼마나 기다렸던 일인가. 피잉 눈물이 돌면서 뜨거운 것이 목까지 차올랐다.

은영은 상념에서 벗어나 퇴근을 서둘렀다.
또각또각 발소리도 경쾌하게 몽마르뜨를 향해 아니, 아름다운 내일을 향해 박차를 가했다.

은영이 몽마르뜨에 도착했을 때 현우는 친구와 함께 있었다.
그의 친구가 정중하게 고개를 숙였다.
「김동우라고 합니다.」
은영은 어떤 확고부동한 신뢰감을 감지했다. 쑥스러워 친구를 대동한 그 맑은 지성이 은영을 감동케 했다.
차를 마시고 식사를 하면서도 나른한 행복감이 은영의 전신을 휘감았다. 그의 친구를 보면서 임솔희 선생과 잘 어울릴 거란 생각도 해본다. 그렇게만 된다면 더없이 좋으련만.
그가 술을 마셨다는 이유로 은영과 동승을 요구했다. 집까지 오는 동안 그는 한마디도 하지 않았다. (그래, 말이 많은 게 좋은 건 아니지.)
엘리베이터가 그들 앞에 섰다. 이현우, 그는 은영을 안다시피 하며 성큼 안으로 들어섰고 신속하게 10층까지의 단추를 모조리 눌렀다.
순간 은영의 명석한 두뇌도 전광석화보다 빠르게 회전했다. 그가 중대한 결심을 발표하리. 설령 그가 키스를 요구해도 난 거절하지 않으리.
그때 불쑥 그가 하얀 사각봉투를 내밀었고 영은은 청첩장임을 한 눈에 알아보았다.

신랑: 이)○○ 씨의 차남 현우

신부: 임○○ 씨의 장녀 솔희

솔희… 임 선생이…?
은영은 심한 현기증으로 다리가 휘청거렸다.
「은영 씨, 아까 그 친구 좋은 놈입니다. 교제해 보시면 알겠지만 실망하진 않을 겁니다.」
이현우… 지금 그가 무슨 말을 중얼거리는가, 무슨 말을….

정모연

삼 남매를 길렀더니 복리로 불어나 여섯 명의 손자손녀가 슬하에 오롯이 깃들었다. 나는 저 보물들의 재롱을 보면 세상 부러울 게 없는 행복한 할머니다.

jj7057@hanmail.net

나의 아버지

아버지는 작은 농촌 마을에서 유복자로 태어나셨다.

6.25동란 때 동네 앞산에 공산당들이 쳐들어왔다.

그때 면장 일을 보시던 종갓집 큰아버지께 자기들 말에 복종하지 않으면 총살시켜 버리겠다고 협박하며 시킨 일은 북한군 밥을 지어 갖다 바치라는 명령이었다.

어쩔 수 없이 밥을 지어 지게로 져 날라 준 우리 아버지는 전쟁이 끝나고 아군에게 잡혀가셨다.

빨갱이 앞잡이라는 불명예를 달고 10년 형을 받아 옥살이하다 병에 걸리셨다.

할머니와 큰아버지가 교도소에 찾아가셔서 빌고 또 빌고 목숨만 살려 달라고 울며불며 애원해서 간신히 출옥하셨다.

할머니의 지극정성으로 아버진 완쾌되셨고 그 후에 동생들이 태어났다.

그러나 정상적인 생활을 해 보지도 못하고 또 10년을 다 못채운 형벌을 다시 받기 위해 대구 교도소로 가셨다.

아버지께선 페인이 되셨고 그 결과로 간경화라는 몹쓸 병에 걸려 많은 빚을 남기고 한 많은 생을 마감하셨다.
내가 가방끈이 짧아 상세하게 옮겨 쓸 수 없는 점이 원망스럽다.

내가 머리 쪽에 종기가 났을 때 오지라 병원도 없었다. 아버지께서 나를 업고 4km가 넘는 길을 달려가 돌팔이에게 치료라고 받은 것은 깨진 옹기조각으로 종기를 찔러 고름을 짜낸 게 전부였다.
그 후에도 아버지 등에 업힌 적이 딱 한 번 있다. 큰물이 져서 마을 강 건너에 고립된 사건이다. 그때도 아버지가 나를 업고 물살이 거친 큰물을 건너셨다.

6.25 전쟁 피해자인 우리 가족들은 이쪽저쪽에서 다 당한 피해자였다.
모진 풍파 몸소 감당하시며 우리 오 남매 낳고 기르다가 아직 어린 동생들을 남긴 채 멀리멀리 떠나신 우리 아버지.
키우는 몫은 고스란히 엄마에게 넘기고 간경화라는 병을 이겨 내지 못하고 돌아가셨다.

어머니의 기일

2012년 7월 9일은 83세에 세상을 하직하신 어머니의 기일이다.

그때 난 왼쪽 다리 복숭아뼈를 다쳐 심 3개를 박아 넣고 깁스한 채로 통원 치료할 때인데 엄니 임종도 하지 못했다.

어머니께서 살아 계실 때 평소 나 때문에 죽어도 눈을 감지 못할 거라고 하시던 말씀 귓전에 쟁쟁하다.

7월 7일 남매들이 다 모일 수 있는 날이라 2일 당겨 엄니가 모셔진 부산 추모공원에 다녀왔다.

8년 전 그날 장대 같은 비가 하염없이 내리던 날 어머니가 하늘나라로 떠나셨다.

살아 계실 때 성실한 하느님의 자녀였으니 그분의 품에 안겨 평안히 잠드셨으리라 믿는다.

그날 천 리 먼 길을 달려와 준 김두진 친구와 전국 총무 일을 보던 이한숙 친구, 그밖에 부산에서도 많은 친구들이 문상을 와 주었다.

빗속을 뚫고 친구라는 이름 하나로 찾아 준 친구들의 모습이 눈에 선하다.

오늘도 새벽부터 주룩주룩 장대비가 하염없이 내리고 있다. 진한 커피 한 잔 타서 컴퓨터 앞에 앉아 한참을 멍때리다가 어머니 장례식에 문상 온 친구들의 얼굴을 하나씩 떠올려 본다.

몰래 한 첫사랑

내가 이성의 눈을 뜰 무렵이다.

우리 앞집은 우리 집하고는 비교할 수 없이 잘사는 집이었다. 그 집 부부는 부지런하고 근면 성실하여 많은 재산을 일구셨던 것이다. 아들 3형제와 딸 4자매를 둔 다복한 집안이었다. 나는 내 위로 언니가 하나 남동생이 셋이니 5남매의 차녀였다.

앞집 둘째 오빠와 울 언니가 사랑을 시작했다. 그 오빠는 공부도 잘하고 외모도 빼어난 미남이었다. 마을 처녀들의 가슴을 설레게 했던 인기 있는 청년이었다.

그런데 그 집 큰오빠가 산에 가서 나무를 해 오는 날이면 우리 집에도 한 지게씩 져다 주곤 했다. 그 이유는 우리 언니를 좋아해서였다고 한다.

그 오빠의 여동생 재태는 내 후배였는데 큰오빠가 쪽지를 주면 언니에게 배달을 했다. 하지만 언니는 큰오빠에겐 관심이 없고 오로지 작은오빠를 좋아했다.

작은오빠는 쪽지를 친구에게 주지 않고 내게 주면서 언니에게 좀 전해 달라고 했다. 난 작은오빠의 쪽지를 언니에게 전해 주고 재태는 자기 큰오빠 쪽지를 우리 언니에게 전해 준 것이다. 한 여자에게 한 형제가 얽힌 삼각관계가 되었다. 재태와 난 충실한 쪽지 배달부가 되었다.

작은오빠는 자기가 좋아하는 여자를 형도 좋아하고 있다는 걸 알고 있었을 게다. 아마도 힘들여 한 나뭇짐을 번번이 우리 집에 주는 걸 보고 짐작하지 않았을까? 그래도 작은오빠는 모른 척하는 것 같았다. 재태와 나는 어렸지만 눈치를 채고 있었다.

그랬는데 내가 작은오빠 때문에 가슴앓이를 하게 될 줄은 몰랐다.

언제부턴가 나는 작은오빠 쪽지를 언니에게 전해 주지 않고 변소에 넣어 버리거나 찢어 아궁이에 던져 태우기도 했다. 큰오빠가 자꾸만 불쌍하다는 생각이 들고 내가 좋아하는 오빠를 언니가 차지한 게 미웠다. 솔직하게 말하면 질투가 났기 때문이었다.

그러던 중 오빠는 입대를 했다.

언니는 대구공장으로 난 외사촌 오빠를 따라 서울로 상경했다. 나의 첫사랑은 한 번 피어 보지도 못하고 마음속 짝사랑이 되어 사라지고 말았다.

세월이 흘러 동창회에 갔는데 재태를 만나 이런저런 그간의 소식을 들었다.

마음씨 착한 큰오빠는 장가가서 남매를 낳아 살다가 갑작스러운 사고로 세상을 떠났다고 했다.

작은오빠는 대구에서 메리야스 수출 공장 사장님이 되어 우리 모교 총동문회장이 되어 있었다. 예전이나 지금이나 역시 인기 있는 남자였다.

언젠가 동창회 때 그 오빠가 나를 찾아와서 언니 안부를 물었다. 그 순간 오빠 나도 그때 오빠를 좋아했다고, 하여 편지를 전하지 않았다고 털어놓고 싶었으나 그 말은 끝내 하지 않았다.

언니 대구에서 잘 살고 있다고 말하니 언제 한번 만나 식사라도 하자고 해서 언니에게 전해 주니 언니는 나를 엄청 꾸짖었다. 지난 일들을 꺼내서 형부가 오해하게 하지 말라는 질책이었다.

나의 첫사랑은 내 청춘과 함께 그렇게 허무하게 흘러갔다.

실내화의 추억

　나는 초등 4학년 때부터 교내 육상부 선수로 장거리 800m 와 단거리 400m 계주로 활동했다.
　배구, 송구 등 운동을 좋아했다.
　그러나 육상은 굳이 배우지 않아도 우리 집과 학교가 약 2km 거리라서 등굣길 하굣길을 뛰어다녔기 때문에 남들보다 잘 뛰었지 싶다.
　그 당시 신작로엔 차는 많지 않았지만 자갈이 많아 씽씽 달리는 트럭들과 버스들이 일으키는 먼지와 자갈도 튀곤 해서 위험했다.
　또 논두렁길에는 뱀도 있고 사람들의 배설물도 많아서 신작로 길을 선택해서 무조건 뛰어다녔다.
　그러니 질긴 검정 고무신도 너무 잘 닳았는데, 우리 집 형편은 검정 고무신도 자주 바꾸어 신을 처지가 못 되었다.
　한겨울 빼고는 신발을 책보자기에 넣어 허리에 매고 논두렁길을 맨발로 뛰어다닐 때가 더 많았다.

집에 오면 산으로 또는 들로 다니며 뭐든 해야만 했다. 아버지의 빈자리를 채워야 했기 때문이다.

가정환경이 좋은 내 또래 동무들은 운동화나 하얀 리본 달린 고무신을 신고 다녔지만 나는 감히 그렇게 하고 다니는 동무들을 부러워하는 것마저도 사치일 뿐이었다.

동무들은 학교 가는 것이 싫다고 하는데 나는 학교가 나의 놀이터였다.

그때 내 작은 꿈은 개근상 타 보는 게 꿈이었다. 우등상은 해마다 탔지만 개근상은 탈 수 없었다. 결석을 많이 했기 때문이다. 엄마를 도와 생활에 보탬이 되는 일을 해야만 했으니까.

운동회 땐 연필 노트 같은 학용품은 달리기해서 타 쓰기 때문에 도움이 되었다.

그러던 중 영천 공설운동장에서 열리는 경북 체육대회에 육상선수로 선발되었다. 그때 난생처음으로 하얀 실내화를 엄마가 큰마음 먹고 사 주셨다. 그날 난 좋아도 눈물이 난다는 것을 알았다.

그 실내화를 보고 또 보고 방 선반 위에 얹어놓고 경북 체육대회 날 신고 뛸 생각에 마음이 부풀었다.

드디어 운동회 날 실내화를 신고 뛰었다. 맨발로 뛰다가 실내화를 신고 뛰었는데 기록은 더 나빴다.

그 후 송구(핸드볼) 선수로 공격수 백넘버 7번을 달고 우리

학교가 우승의 영예를 차지하는 데 주역이 되기도 했다.

6학년이 되고 졸업식에 아버지가 학교에 오셨다.

6년 만에 처음이자 마지막으로 오신 아버지 앞에서 우등상과 꿈에 그리던 개근상을 탔다.

내 작은 꿈도 이룬 셈이었다.

내 학교생활의 처음이자 마지막의 조촐한 피날레였다.

댓돌 위에 고무신

1970~1972년 공장에 다닐 때였다.

공순이 기숙사 생활할 때 일이 생각나서 쓴웃음이 나온다.

성수교 다리 건너편 내가 다녔던 공장 500미터쯤에 기숙사가 있었는데 여자 10명 남자 15명 모두가 지방에서 온 사람들이었다.

타향에서 온 사람들이 한 지붕 밑에서 기숙 생활을 할 때 공돌이 공순이들이 일 마치고 돌아오면 하얀 고무신들이 때와 먼지로 까맣게 되어 보기 싫었다.

여자들은 다들 깨끗하게 씻어 다음 날 깨끗한 신을 신고 가는데 남자들은 더러워도 씻지 않고 그냥 신고 간다.

그때 한 달에 두 번 공휴일이었다.

나는 토요일 오후에 공돌이 신발들을 깨끗이 씻어서 댓돌 위에 나란히 세워 놓으니 너무 보기 좋았다.

그때부터 토요일 밤엔 내가 공돌이 신발들을 하얗게 씻어 주는 착한 공순이가 되었다.

누가 시켜서도 아닌데 누가 해 달라고 한 것도 아닌데 오지랖을 떨었다.

그러거나 말거나 하얀 고무신들이 깨끗하게 댓돌 위에 나란히 세워져 있는 게 좋아서 오래도록 그 일을 했다.

물론 멀리 타향에서 온 공돌이들이라 내가 해 준 일들을 고마워했다.

지방에서 와 한 지붕 아래 한솥밥을 먹고 사니 한 가족 같은 분위기였다.

그때 TV 한 대가 큰 거실에서 공돌이와 공순이들이 함께 시청했다.

주로 연속극이나 코미디 프로를 즐겼고 남자들은 축구, 복싱, 레슬링, 쇼쇼쇼가 인기 프로였다.

책가방 들고 학교 다닐 나이에 생활 전선에서 생존경쟁을 해 살아남아야 했던 내 어린 날의 추억이다.

지금도 그때 하얀 고무신을 보면 공돌이 고무신을 깨끗이 씻어 댓돌 위에 나란히 세워 놓았던 일들이 눈에 선해서 내내 웃음이 나온다.

조종길

사느라 바빠서 문청의 꿈을 접었다. 그런데 잊고 살았던 꿈이 애벌레처럼 스멀스멀 다시 기어 나오고 있다. 그 꿈을 향한 힘찬 행보를 내딛는다.

cjkil1010@gmail.com

나의 아버지

부모님은 십 대 후반에 나를 낳으셨다.

어쩌면 철부지 소년 소녀들의 불장난으로 태어난 자식이 아닌가 싶은 오해도 없지 않다.

우리 아버지는 2남 3녀의 형제 중 둘째로 할아버지의 깨끗한 피부를 물려받아 외국인처럼 오뚝한 콧날이 이국 남자 같다.

할아버지 형제 중 둘째 할아버지가 자식이 없어 내 할아버지 둘째 자식을 둘째 할아버지에게 양자로 보내셨는데 그때 나이가 5살이었다고 한다.

일제 치하의 핍박에 한학을 공부하셨던 할아버지의 의지에 따라 일본으로 건너가셨다.

할아버지 내외는 동경에서 행상으로 많은 재산을 모으셨다. 덕분에 아버지의 어린 시절은 부족함 없이 보냈으니 이 또한 시대의 행운아였다.

같은 형제지만 일제 강점기에서 자란 아버지 형제들은 굶주리고 어려운 시절을 보냈으니 극과 극의 환경이었다.

1945년 8월 15일 해방이 되면서 할아버지 내외는 귀국하여 대전 조폐공사가 있던 유천동에 정착하셨다.

일본에서 모은 재산으로 충북 옥천군 안남면 고향에 전답을 마련하여 큰할아버지에게 농사를 짓도록 디딤돌을 놓아 드렸다.

할아버지 처가인 안남면 화학리 모산에 땅을 사서 할머니 형제들의 의식주 해결에 일조하셨다고 한다.

이런 할아버지 밑에서 곱게 자라 온 아버지는 고향인 옥천군 안남면 안남초등학교를 거쳐 대전에서 유학 생활을 하셨다.

해방 후 자유당 정권 아래 조봉학의 토지정책이 강력 추진되었다.

지주가 소작농에게 대여하여 소작인과의 50:50 비율로 노동력을 착취하던 시절이었다.

자유당 정권에서 토지정책의 일환으로 소작인에게 대여한 (병작) 모든 땅의 소유권을 몰수하여 농사를 짓는 소작인에게 소유권 이전을 하도록 강제했다.

할아버지께선 지주의 소유권을 빼앗기는 억울함을 몸소 겪었다고 한다.

다행인 것은 할아버지의 땅은 할아버지 처남인 할머니 동생들에게 이전한 것이기에 못사는 형제들을 살린 계기가 되기도 했다.

또한 고향인 옥천군 안남면 도농리에 소유한 땅은 역시 할아버지 형제가 보유하게 되어 다행이었다.

　이런저런 일로 할머니는 화병으로 몸져누우셨다.

　하여 아버지는 어린 나이에 어린 신부를 만나 결혼을 하셨고 다음 해에 나를 낳으셨다.

　병석에 계신 할머니의 기쁨이야 오죽하셨으며 또한 슬하에 자식이 없어 양자를 들인 할아버지의 심정은 얼마나 벅차오르셨을까?

　할머니께서는 병석에서 내가 백일이 되기까지 안고 계시다 세상을 떠나셨다고 한다.

　아버지께서 가끔 술 한잔하실 땐 넋두리처럼 말씀해 주시며 할머니를 그리워하셨다.

　그 후 6.25 전쟁이 마지막 고비로 치달으며 후퇴하는 인민군에게 많은 봉변을 당하는 등 순탄하지 못한 나날이었다고 한다.

　12월이 다 갈 즈음 눈이 쌓여 집에서 꼼짝도 못 하고 있을 때였다.

　백일 갓 지난 내가 열이 나고 숨을 몰아쉬며 경기를 하는 위급한 상태로 계속되었다고 했다.

　혼수상태에서 할딱이는 어린 자식을 지켜보는 어른들도 지쳐 가고 있을 때였다.

　후퇴하는 인민군들이 있어 밖으로도 나갈 수 없는 상태라 할아버지 아버지 어머니는 이러지도 저러지도 못하고 애간장만 태웠다.

이대로 자식을 죽일 수는 없다고 밤 10시가 넘은 시간이지만 아버지가 집을 나섰다.

면 소재지에서 약국을 운영하며 왕진을 하던 의사를 모셔 오겠다고 아버지가 결심을 한 것이다.

하염없이 폭설이 내려 도로가 막혔다.

당시 상황은 전쟁의 막바지라 퇴각하는 인민군 행렬이 눈에 띄는 어수선한 밤길을 이제 19살 된 나의 아버지가 자식을 살리겠다고 머나먼 산길을 나섰던 것이다.

이때 할아버지의 말씀은 내 손자 살리려다 내 자식 먼저 죽이겠다고 눈물이 앞서더란다.

안절부절 할아버지는 동이 터 오는 하늘을 보며 밤새도록 쌓인 눈길을 치우며 애타게 기다리는데 저 멀리서 의사의 왕진 가방을 둘러메고 앞서 오는 아버지를 발견하셨다.

그저 제 자식 살리겠다고 몇십 리 밤길을 달려 의사를 모시고 오는 아버지가 그렇게 대견스러웠다고 하셨다. 다행히 페니실린이라는 약품 하나로 해열을 시키고 나는 살아났다.

이 얼마나 위대한 부정의 힘인가,

어머니 돌아가실 때, "너희 어머니 아직 숨 쉬고 있잖니! 아직 죽지 않았어" 하시던 아버지다.

  그 어린 신부였던 어머니 얼굴을 쓰다듬으며 얼굴에 입 맞추며 죽음을 인정하지 않으시고 몸부림치던 나의 가엾은 아버지.

시골집에 혼자 종일 앉았다 일어났다 하시며 소주 한잔 잡수시고 동네 마을 한 바퀴 돌아보시는 게 일과이셨던 아버지.
  빈속에 아침부터 4홉들이 소주 한잔 따라 김치 한 조각 안주 삼아 드시니 얼얼함에 그저 기분 좋으시던 아버지.
  외로움인들 오죽하셨을까 나의 아버지….
  나를 살리시겠다고 몇십 리 늦은 밤 눈 쌓인 눈길을 헤치고 의사의 왕진 가방을 둘러메고 오셨던 나의 강한 아버지의 기상은 어디로 간 것일까?
  그런 아버지를 나는 이리 시골집에 방치하다 돌아가시게 하다니… 자식에게 하는 10분의 1만 부모님께 해 드려도 효자 소리 듣는 세상인데 나는 그걸 못해 드린 불효자식이다. 못난 자식은 때늦은 후회로 가슴이 무너진다.
  그리운 나의 아버지….

운동화의 추억

1961년 손수건을 가슴에 달고 초등학교 운동장에서 입학식을 가졌다.

가슴에 달아 준 손수건은 코를 닦는 용도였다는 것도 그때 알았다.

나는 코를 흘리지 않아 언제부터인가 수건이 내 가슴에서 없어졌으나 한두 명은 4학년 끝날 때까지도 누런 코를 훌쩍거려 놀림을 받았다.

60년 세월이 지난 지금도 아련하게 기억으로 남아 그리움을 불러오곤 한다.

나는 국민(초등)학교 4학년까지 충북 옥천군 안남면 소재지의 안남초등학교를 다니다 부모님의 이사로 인하여 충북 옥천군 안내초등학교를 2년 동안 다녔다.

안남초등학교를 6km(시오 리 길)을 걸어서 등하교를 했고, 안내초등학교는 2km(오 리 길)을 걸어서 등하교를 했다.

학교는 오래된 일식 건물에 바닥이 시멘트로 보수되어 있었다.
좀 산다는 집 애들은 운동화처럼 생긴 실내화를 신었으나 대부분 아이들은 낡은 고무신 뒤꿈치 쪽을 잘라 내어 신고 다녔다.
나는 아버지가 사 주신 하얀 고무신을 신고 다녔다.
초등학교 내내 검은 고무신을 애지중지 아껴 신는 친구들도 상당수였다.
하교 시 개천에서 올갱이나 피라미를 잡아 고무신짝에 담았다.
고무신 한 짝을 구부려 다른 한 짝에 넣어 돛단배를 만들어 여울에 띄워 뱃놀이도 하였고 아이들끼리 누가 멀리 보내나 던지기 시합도 하며 놀았다.
다만 비 오는 날 밭에라도 가면 빗물과 함께 흑이 들어가 미끄러지는 흠이 있지만 도랑물에 훌쩍 헹구면 빠닥빠닥하게 바로 신을 수 있는 등 좋은 추억이 많았다.

좁은 읍내에서 가을 운동회는 연중행사로서 가장 즐거운 축제였다.
청군 이겨라 백군 이겨라 목이 터지게 응원가도 부르고 삶은 계란이나 김밥이며 군밤도 맘껏 먹을 수 있었다.
새 운동화를 신고 펄쩍펄쩍 망아지처럼 뛰놀던 시절이었다.

중학교 시험 보러 가기 전날 어머니가 면 소재지에 있는 신발 가게로 나를 데리고 가셨다.

"애가 신을 운동화 좀 보여 주셔요."

주인은 새로 나온 왕자표 운동화를 골라 주며 신어 보라고 하셨다.

그냥 운동화도 아니고 그 비싼 청색 스파이크는 발에 착 감기는 착용감이 황홀할 지경이었다.

청색 스파이크를 가슴에 안고 나는 듯이 집에 와 흰 끈을 꿰어 머리맡에 모셔 두고 내일 시험 보러 갈 생각을 하니 가슴이 뛰고 잠도 오질 않았다.

이튿날 아침을 먹는 둥 마는 둥 청색 스파이크에 발을 넣으니 미끄러지듯 들어간다.

중학교까지 6km(시오 리 길)를 어떻게 걸어갔는지도 모르겠다.

진눈깨비가 내리는 길 위에 스파이크를 신은 내 발자국이 선명하다.

미끄러워도 운동화 안으로 물도 들어오지 않는다.

중학교에 도착하니 바닥이 나무 마루인지라 신발을 벗고 들어가야 한단다. 실내화도 가져오지 않았는데···.

운동화는 복도의 신발장에 넣고 시험을 보는데 시험을 보면서도 시선은 계속 신발장의 운동화에 가 있다.

한 시간이 끝나고 나와서 신발장의 운동화를 확인하고··· 시험 보러 온 건지, 운동화 지키러 온 건지 모르겠다.

　마지막 시간에는 시험지에 답을 다 쓴 사람은 답안지를 내고 돌아가란다.

　하나둘, 답안지를 내고 나가는데 불안감도 있고 조금 지체하는 동안 몇 명만이 아직 풀지 못한 시험 문제를 뒤척이고 있다.

　다시 한번 문제지를 검토 후 시험지를 내고 나가 보니 복도의 신발장 안에 있어야 할 스파이크가 감쪽같이 사라졌다.

　하늘이 노랗다는 말이 실감 난다.

　이리저리 운동화를 찾아도 보이지를 않는다.

　마지막 시간이라 각자 집으로 향했기에 어디에서 어떤 경로로도 찾을 수 있는 방법이 없었다.

　당시 중학교 시험은 120명 2개 반 모집에 안내초등학교 2개 반(120명) 안남초등학교 2개 반(120명) 응시로 2:1의 비율이었다.

　이날 시험은 수험표를 부여받아 3개 교실에서 시험을 보았기에 시험이 끝나면 각자 집으로 돌아갔다.

　잃어버린 운동화 찾기는 불가능했다.

　교무실에 가서 선생님께 이야기하니 선생님도 황당한 모양이다.

　밖을 보니 진눈깨비가 제법 쌓여 질퍽거린다.

　시험이 모두 끝나고 아이들이 다 가고 신발장을 보니 너덜너

덜하게 떨어지고 바닥이 젖어 있는 검은 운동화가 한 켤레 남아 있다.

분명 내 새 운동화를 신고 간 범인의 운동화일 텐데 그땐 그 생각조차 할 수 없었는지 참 바보 같았다.

선생님은 그거라도 신고 가라고 하셨으나 나는 그냥 맨발로 진눈깨비에 질척거리는 먼 길을 걸어 집으로 돌아왔다.

어머니는 얼른 더운물을 떠다 발을 씻겨 주셨고 사연을 들으신 아버지는 "저 미련한 놈" 하며 혀를 끌끌 차셨다.

그땐 어린 마음에 운동화를 잃은 아픔에 하늘이 무너지는 것 같았다.

참 순수하고 맑은 시절이었지. 그땐….

잘 가세요 장모님

지난 6월 24일 오후 11시 40분 향년 89세로 장모님이 돌아가셨다는 소식을 접했다.

코로나 때문에 요양원에 계시던 장모님을 자식들은 임종도 못 한 채 결국 혼자서 저세상으로 가셨다.

요양원에 입원해 계시는 장인어른께 장모님이 돌아가셨다는 소식도 전하지 못했다.

2남 5녀의 다복한 자식들과 그 슬하에 손자들 외손들 상복을 입고 있는 자손을 보니 60여 명의 대가족이다.

그러나 코로나19라는 괴물 때문에 혼자 쓸쓸히 떠나셨으니 억울하고 애석할 따름이다.

입관을 앞두고 곱게 화장을 하시고 안동 모시 수의를 입고 계심에 어찌 저리 곱게 편히 잠들어 계실까, 눈시울이 뜨거워 온다.

10년 전 장인어른과 장모님의 수의를 손수 장만하시어 보관하다가 갈아입고 먼 길을 떠나셨다.

마지막 가시는 길 자식들 모두 얼굴 비비며 서러움의 통곡을 자아낸다.

장례 지도사들의 배려에 감사함을 표하고 이제 입관을 마쳤다.

이제부터 잿밥을 차려 첫 제를 올린다.

맏상제가 제례 잔에 술을 올리고 상주는 곡을 시작하고 제주들은 세상 떠난 자의 아쉬움을 곡으로 위로한다.

이에 비로소 빈소에서 상주로서 조문객을 받는 절차가 이루어진다.

보통 삼일장, 오일장으로 시작하나 우리는 돌아가신 날이 전날 밤 12시를 넘기지 않은 시각이니 그날 하루는 그냥 지나가고 이튿날 발인이니 하루가 단축되어 분주하기 그지없다.

입관하고 나니 오후 14:00 상주들은 정장으로 옷을 갈아입는다. 상주는 검은색 양복에 오른쪽 팔에 세 줄의 띠를 두른 삼배 완장을 두르고 출가외인인 딸들은 하얀 소복에 머리에 매듭 모양의 핀이 달린 흰 리본을 머리에 꽂고 상주임을 알린다.

사위들은 두 줄 테의 완장을 두르고 조문객을 상주와 같이 맞이한다.

손주들 외 직계 친족들은 한 줄 테의 완장으로, 그리고 아직 결혼을 하지 않은 직계 손주들 외는 줄 없는 완장을 두르고 상주임을 고한다.

오후 5시 첫 제사를 시작으로 고인의 편안한 식사를 올리는 제례가 이어지고 다시 곡(哭)이 이어진다.

이승에서의 영혼을 보내며 저승으로 가기 위한 절차의 순서를 시작한다.

밤 아홉 시가 되어 문상객들을 받는데 코로나19의 여파로 간소하게 가족들만의 입회로 치르려 했다.

그러나 여러 곳에서 문상객이 줄을 잇고, 그 와중에 우리 53 글방 대충 전라 지역 친구들이 문상을 왔다.

대전에서 포항까지 3시간을 달려와 주었으니 이런 황공할 데가 있을까.

이튿날 발인을 시작으로 영정을 모시고 생전에 사시던 시골집 안을 한 바퀴 돌아 나오셨다.

이승에서의 모든 미련 버리고 편안히 가시라고 아끼던 밥사발을 문전에서 깨트렸다.

영정을 모신 장손이 밟고 지나며 마지막 아쉬움을 뒤로하고 이웃 정든 사람들에게 인사하고 화장장으로 떠나셨다.

장례 차량에 올라 먼 길 노자로 쓰시라고 상주들의 성의를 차에 묶어 놓은 밧줄 사이사이에 꽂아 놓는다.

장례를 마친 후 기사님이 가져가는 것이라 하여 십여 개의 봉투로 나누어 장식하였다.

화장장 예약 시간이 되어 운구차에 모셔진 장모님의 관이 손자들에 들려 소각로로 들어서니 눈물이 앞을 가린다. 마지막 뵙는 이승에서의 모습에 운구 영정에 모두 손을 얹고 곡을 한다.

소각로로 진입해 불길이 관을 덮는 순간, "어머니! 집에 불 났어요. 일어나 얼른 나오세요! 어머니" 맏상제의 외침이 상주들의 오열을 불러온다.

1시간 30분의 화장으로 한 줌의 재가 되어 돌아가니 생이란 얼마나 허망한 일생인가?

장모님 편안히 가소서.

저승에 가시면 아픔 없고 슬픔 없는 행복을 누리소서.

내 고향 옥천

얼마 전, 내가 나고 자란 고향 마을을 둘러보았다.

상추 한 움큼 감자 한 소쿠리 나누며 메밀국수 했다고, 나물 비빔밥 차렸다고 청한다.

대문이 있으나 낮에는 거의 닫아 놓을 일이 없다.

대문을 늘 열어 놓으니 지금처럼 인터폰을 눌러 사람을 불러 낼 일도 없다.

밖에 나갔다가 돌아와 보면 현관에 서너 됫박이 들어갈 만한 포대가 하나 놓여 있는데 만져 보니 쌀인 것 같다.

누가, 왜 갖다 놓았을까.

나중에 알고 보니 뒷집에서 지난가을에 추수한 벼를 근래에 찧어 이웃과 나누어 먹고 싶어 갖다 놓은 것이라 했다.

어느 날은 누가 가래떡을 갖다 놓기도 하고, 배추가 크게 자랐다고 상추 잎이 벌었다고 솎아다 주기도 한다.

힘들게 뜯어 온 산나물을, 애써 잡은 다슬기를 나누어 주기도 했단다.

내 고향 부모님이 생전에 생활하시던 곳, 몇 해가 지나는 동안 세상 떠난 부모님의 넋을 지키고자 한 달에 한 번 방문해 빈집을 청소한다.

겨울에는 얼어 터진 보일러로 인해 싸늘한 방의 냉기에 아직도 떼어 내지 않은 가족들의 사진에 습기가 배어 있다.

집이 망가지는 느낌에 고장 난 보일러를 수리하고 가동했다. 방 안이 금세 온기로 가득하다.

기십만 원의 기름 값을 의미 없이 소비하는 빈집이기도 하다. 다행히 서울에서 시골 생활이 그리워 귀향한 부부가 있어 1년에 1백만 원의 세를 받고 빌려주었다.

대지 120평에 건평 27평의 슬래브 집이다.

도시에 비하면 터무니없는 가격이지만 집 관리비며 신경 쓸 일이 없어졌으니 누이 좋고 매부도 좋다.

이런 동네에서 낯선 이들의 호의가 그들에겐 부담이 되었던 모양이다.

이들 부부는 홀로 되신 장모님을 모시고 살면서 남편은 서울에서 직장에 다니며 주말에만 내려오는 주말부부인 셈이다.

그러니 장모와 아내 두 여인의 낯선 농촌 생활에다 자꾸 다가서는 마을 인심이 부담스럽기도 했으리라.

그들의 말을 들어보니 고맙지만 보답할 것도 없고 마음이 편치 않다는 것이었다.

충분히 이해가 가는 상황이다.

마을 사람들처럼 농사를 잘 지어 나누어 줄 수확물이 있는 것도 아니어서 어느 날 두 모녀는 쑥을 뜯으러 나섰다.

산자락 어느 밭머리로 가서 보드라운 것을 골라 바구니에 가득 차도록 쑥을 뜯었다.

그리고 방앗간으로 가 쑥떡을 빚어 이웃들에게 조금씩 돌렸다고 한다.

이웃들은 뭐 하러 힘들게 이런 걸 다 했느냐고 하면서도 진심으로 고마워하더라고 했다.

그 모습을 본 모녀도 이제 차츰 마을 사람들과 어울려 사는 기쁨을 누리는 것 같았다.

냇가에서 고기를 잡아 어탕국수를 했다며 먹으러 오라는 초대를 받았다고 기뻐했다.

마침 토요일이라 서울에서 남편이 내려와 같이 갔고 막걸리 한 잔을 곁들여 맛있게 어탕을 먹었다.

"이렇게 대접만 받아서…."

"서로 나누어 먹는 재미 아닙니까."

나누어 먹는 재미… 그걸 모르고 살아온 지난 세월을 돌아보니 조건 없이 베푸는 이들의 모습에 부담을 느꼈던 자신들의 행동에 후회가 된다고 했다.

어느 집에서는 칼국수를 했다고 부르고, 모처럼 나물비빔밥을 차렸다고 부르고, 청국장을 끓였다고 부르고, 제사를 지냈는데 제삿밥은 나누어 먹어야 한다고 불렀다.

소담하게 차린 상 위에 따뜻한 인정미가 그릇마다 넉넉히 담겨 있었다고 즐거워했다.

이들 부부도 날짜를 잡아 삼겹살을 사서 넓은 마당에 자리를 펴고 이웃을 초대해 삼겹살 파티를 하게 되었다.

텃밭에서 손수 키운 상추를 뜯어 준비하고 쌈장을 만들어 함께 놓았다.

이제 나도 귀향해야 할 날이 얼마 남지 않은 상태에서 옛집을 찾았다.

결혼 15년이 되었어도 얻지 못한 자식을 작년에 우리 집에서 얻었으니 이 또한 축하해 줄 일이다.

집터가 좋은가 보다고 덕담을 한다.

집을 비워 주려는 마음이 조금도 없어 보이는 게 행복한 모습이다.

내 고향 향수 100리길 정지용의 시에 등장하는 얼룩빼기 황소의 울음소리가 금방이라도 들려올 것 같은 둘레 길을 천천히 걷는다.

내 소녀는 어디 갔을까

　내가 다닌 중학교는 등하굣길이 걸어서 한 시간 남짓 걸리는 거리였다.
　일찍 일어나 부모님 일손을 도와 논밭으로 나가 1시간 정도의 일을 도운 후 집으로 와 부지런히 세수하고 책가방 챙겨 학교 가기에 바쁜 일상이었다.
　그나마 챙겨 주는 도시락을 위안으로 아침밥을 거른 배고픔마저 뒤로한 채 서둘러 등교를 한다.
　남녀 공학의 시골 중학교 친구들은 거의 초등학교도 함께 다닌, 낯익은 모습들이다.
　중 3년을 함께 지내다 보면 남녀 간 좋아하는 친구들이 속속 수면 위로 드러나게 마련이다. 친구들에게 부러움의 대상이 되기도 하고 질투의 대상이 되기도 한다.
　내 소년도 홍역처럼 짝사랑하는 여자가 생겼다.
　초등학교 중학교 내내 한 반이었기에 눈인사만으로 비껴가는 수줍은 사이였던 소녀다.

늘 주변 친구들의 보이지 않는 감시에 좀처럼 그녀에게 다가
갈 기회가 없었다.

그 친구는 항상 빨간 책가방을 들고 다녔다. 중학생치곤 큰
키에 수줍음이 많고 고운 여자였다.

다들 키가 고만고만했는데 이 친구는 유독 큰 키에 사슴처럼
목이 긴 여자였다.

수줍음과 냉정함을 가지고 있어 접근할 틈을 주지 않아 어정
쩡한 상태로 2년을 보냈다.

나의 속마음을 친구들은 이미 눈치챈 듯 소문이 돌기 시작했다.

이름을 거론하지는 않고 종길이는 빨간 가방을 선호한다고
큰 소리로 떠드는 친구도 있었다. 이 친구의 귀에도 그 소문이
들어갔는지 거리감을 두며 나의 접근을 경계했다.

가슴 타는 2년의 내 짝사랑은 3학년 신학기가 지나며 기회
가 왔다.

그 친구 집 근처에서 누에고치 매입을 하는 집하장이 생겨
일주일간 행사가 열리게 되었던 것이다.

아침 10시부터 시작하는 행사가 밤 10시까지 진행되었다.
마지막 날 토요일 늦은 저녁이었다. 친구들과 구경을 갔는데
마침 이 친구도 혼자서 누에고치 매매 품평회를 관람하고 있
었다.

친구들이 빨간 가방 혼자 있으니 어서 가 보라고 등을 떠밀

며 짓궂게 놀려 댔다.

떠들썩한 친구들의 장난에 이 친구도 눈치를 채고 창피한 듯 서둘러 자리를 떴다.

나는 용기를 냈다. 급히 그의 뒤를 따라가 인사를 하니 놀란 토끼처럼 잔뜩 경계하며 바삐 발걸음을 옮겼다. 나도 그의 뒤를 따라나섰다.

누가 보기라도 하면 어쩌나 걱정하며 인적이 없는 둑길로 걸어갔다. 이 친구가 체념한 듯 걸음을 멈추고 여기까지 왜 따라왔느냐고 반문한다.

2년 만에 나누는 우리들의 첫 대화였다.

어디서 이런 용기가 생겼는지 '너 보러 왔다'고 한마디 내뱉었다.

당돌한 말에 잠시 놀란 듯했으나 거리를 좁혀 멋쩍고 어설픈 대화가 오갔다.

집안에 조부모님과 부모님과 동생들 셋인데 어머니가 건강이 안 좋아 학교 다니며 집안 살림을 도맡아 한다고 했다. 그녀는 다른 생각할 여유가 없다며 가정사를 털어 놓는다.

그녀는 공부도 잘하고 하얀 얼굴의 피부색을 가진 내가 호감이 갔다고 속마음을 보였다.

그러나 친구들의 놀림도 부담이 된다는 이야기도 한다.

자신은 집안 살림을 맡아 하기에 학교생활도 제대로 못 한다고 말하는 그녀가 나는 안쓰러웠다.

자기 할아버지와 우리 할아버지가 친구인지라 가끔씩 그녀의 집에 오시면 술상도 차려 대접해 드린 적도 있다고 했다.

그때마다 손자 자랑하며 자기를 손자며느리 삼겠다고 우리 할아버지가 종종 말씀하셨다고 했다. 하여 나에 대해서 소상히 알고 있다고 덧붙여 설명해 주었다.

영리하고 공부 잘하는 나에 대한 호감을 가지고 있던 그녀인지라 우리는 이심전심이었던 모양이다.

나의 느닷없는 출현에 당황했고 혹시나 부모님들 눈에 뜨일까 봐 걱정도 되었을 터였다.

우리는 한동안 손장난을 하며 이야기를 이어갔다. 경계심이 사라지자 자연스레 가까워져 웃음이 터졌다. 시간 가는 줄 모르고 시시콜콜 많은 대화가 오갔다.

누군가 우리 곁으로 다가오는 것도 모른 채 우리는 천진난만하게 즐거웠던 것이다.

좋은 일에는 반드시 마가 낀다고 누군가 느닷없이 나의 멱살을 잡고 힘을 주는데 숨을 쉴 수가 없었다.

그는 손전등으로 내 얼굴을 비추며 다그친다. 누구인데 우리 종순이를 여기까지 데려왔느냐고 종주먹이다.

중학교 3학년의 약골체인 내가 버티기엔 무리여서 순응할 수밖에 없었다.

큰 손바닥이 뺨따귀를 매섭게 후려쳤다.

순간 그녀가 외마디 비명을 질렀다.
"아버지, 용서해 주세요."
그녀의 아버지가 멱살을 잡고 그녀의 어머니가 나의 따귀를 가격한 모양이다.
얼얼함과 무서운 공포 속에 그래도 정신을 차려 보자는 마음을 단단히 먹었다.
호랑이 굴에 들어가도 정신을 차려야 한다고 하지 않던가.
좁은 마을에서 자기 여식과 만나는 친구를 어찌하랴 하는 희망이 약간의 안도감을 가져다준다.
아마 멀리서 자기 딸이 발 빠르게 도망치듯 집 방향과 다른 방향으로 가는 것을 목격한 어머니가 아버지에게 연락해서 찾아 나섰다가 어두컴컴한 곳에서 도란도란 이야기하는 우리를 발견한 것이다.
"누군데 우리 종순이를 데리고 이곳에 온 거야."
"뉘 집 자식인겨. 너 이놈 알고 있는 거야? 바른대로 이야기하지 못해?"
"우리 학교 친구예요, 여기 놀러 왔다 그냥 본 거예요."
"그래 너는 아무 일 없는 거야, 뉘 집 자식인지 말해 봐."
그제야 잡은 멱살을 풀어 주고 손전등으로 얼굴을 다시 비춰

보며 딸의 이곳저곳을 훑어보며 안심을 하는 듯하다.

"네가 말해 봐, 종순이 너 언제부터 이놈 만나고 다닌 거야. 그리고 어디 사는 누구인지 어여 말해."

"아버지, 정방 사시는 조풍수 할아버지 손자예요, 할아버지 친구요."

"뭐여 학식깨나 있는 집안의 손자가 공부는 안 하고 이런 곳까지 여자나 따라다니며 집안 망신시킬 일 있어."

"그리고 너는 다 큰 계집애가 동네 창피하게 이런 곳에서 연애질이나 하고 내가 그렇게 가르치데?"

"아비야 그만해라 조풍수 양반 손자라 하니 나쁜 애 같지는 않으니 보내 줘라."

함께 온 종순이 할머니는 그만 보내 주라고 아들 내외를 타이른다.

"그래요, 이년이 문제지. 아무 데나 겁도 없이 따라가는 게 잘못이지. 아버지에게 잘못했다고 빌어."

"아버지 잘못했어요."

"내 자네 조부를 봐서 보내 주니 다시는 우리 종순이 곁에 얼씬도 말게. 자네 조부님께 내가 이야기하겠네."

할아버지 함자 덕분에 겨우 풀려나고 그날 일은 마무리되었다.

그 이튿날 등굣길에 멋쩍게 마주친 우리는 눈인사로만 아는 체했다.

친구들의 놀림대로 빨간 가방 종순이는 나의 여자로 낙인찍힌 채 졸업을 했다.

몇 년 전, 우리 초중학교 동창생인 순분이의 아들 결혼식에 참석했다. 대전에서 은행에 다니며 초, 중 2년 선배와 결혼 후 아들 둘 낳고 남편과 사별 후 치르는 늦은 혼사였다.
이 친구는 종순이와 한동네에 살았고 친척이라 종순이의 소식을 들을 수 있겠다 싶었다.
여러 친구들과 잠실 교통회관에 자리를 잡고 앉았다. 마침 혼주인 순분이가 인사하라며 누군가를 소개시키는데 내가 꿈에 그리던 종순이란다.
아니! 이럴 수가… 옛날 모습이라곤 찾아볼 수 없는 그런 낯선 아주머니가 아닌가?
그녀는 쓸쓸한 웃음만 남긴 채 가족들이 있는 곳으로 훌쩍 가 버린다.
결혼식이 진행되는 동안 옆의 친구들이 쑥덕거림이 거슬렸다.
촌티 나는 남루한 친구의 겉모습만 보고 함부로 조롱하는 듯해서 기분도 우울했다.
잠시 후 혼주인 순분이가 다가와 종순에게 가 보란다.
종순이 옆자리에 앉으니 얼른 맥주 한 잔을 따라 주며 "술 한 잔 받고 나도 한 잔 줘 봐" 한다.

친정아버지 혼자되시고 직장 다니며 20년 동생들 뒷바라지 하느라 고등학교 진학도 못 했다고 했다.

생활고에 찌든 모습으로 미루어 짐작이 갔다. 그녀가 얼마나 세파에 부대끼며 삶의 무게에 짓눌려 건너온 세월이 고단했을지….

아, 목이 긴 사슴처럼 순한 눈망울의 청순한 나의 소녀는 어디로 사라졌을까?

최종호

강원도 봉평에서 태어났다. 30여 년 책 만드는 일에 종사했으나 정작 저자로 내 이름을 올려보는 건 처음이라 묘한 기분이 든다. 현재는 인생 2모작으로 건물 설비관리를 하고 있다.

daelim74@empas.com

파랑새를 찾아서

1.
오늘은 모처럼 비번 날이라 모란장에 다녀왔다.

단골집에 들러 칼국수를 한 그릇 시켜 먹은 후, 소 내장볶음 안주에 막걸리 한 병이면 그동안 쌓였던 스트레스 날리는 데 제격이다.

오늘따라 쥔장 아주머니 얼굴이 어두워 보여 무슨 고민이라도 있냐고 물어보았더니 장사가 너무 안 된다고 푸념을 한다.

내 고향 봉평 장날, 이효석의 〈메밀꽃 필 무렵〉 작품 초반에 '여름장이란 글러서 장판은 쓸쓸하고……' 그 문장 한 구절이 오버랩된 느낌을 뒤로하고 총총 걸어 나오는데 시장 어귀, 옥수수 파는 난전에 긴 줄이 늘어섰다.

호기심이 발동한 나도 줄 사이에 끼어 서 있는데 옥수수가 다 떨어져 난감한 상황에 처하자 어머니가 아들한테 역정을 내면서 옥수수를 빨리 가져오라고 호통을 친다.

길게 늘어선 손님들을 그냥 보낼 거냐고 소리 지르며 남아 있던 옥수수를 무료로 나누어 주면서 연신 미안하다고 한다.

어머니와 아들의 극명한 장사 노하우를 한 수 배운 듯하다.

나도 옥수수 두 통을 받아 들고 돌아오면서 작은 행복감이 밀려온다.

큰 부자가 아니어도 좋습니다.
친구와 진솔한 담소 후에
막걸리 값을 감당할 정도의
궁색함이나 없게 하소서
따스한 온기가 가슴 한쪽에
굳건히 자리 잡게 하소서
더 이상 세파에 나 자신을
함몰시키지 않으면서
선악을 분별할 줄 알게 하소서
이별할 때는 정리할 시간을 주시고
교만하지 않게 지혜를 주소서
성숙된 가치관을 토대로
남은 삶을 살게 하소서

최종호 作 『나의 빈 주머니』 전문

2.

말 그대로 엄동설한(嚴冬雪寒)이네요. 며칠 전 눈이 온 데다 어제 아침 기온이 영하 17.1도를 기록했다니 그 말이 딱 맞습니다. 언론은 한술 더 떠 이번 추위가 2월 날씨로는 55년 만의 한파라며 호들갑을 떠는군요.

그런데 우리의 어린 시절을 돌아보면 별거 아니지 않나요? 지금처럼 보온메리나 거위털 잠바가 있는 것도 아니었으니 당시의 추위는 수치상으로 나타나는 것보다 훨씬 더 추웠을 것이 분명합니다.

남쪽이나 경인 지방에 살던 벗들은 그래도 덜했을 겁니다. 강원도 중에서도 오지인 변방에 살던 우리들은 눈보라와 살을 에는 칼바람과 사투를 벌여야 했지요.

사실 저도 통학 거리가 30여 분밖에 안 되었는데 이런 말을 하는 것이 쑥스럽네요.

그러나 당시에는 그것도 견디기 쉽지 않았지요.

눈은 왜 그렇게 많이 왔는지요. 요즘은 한겨울에도 봉평에 눈이 없는 날이 허다하다고 하던데 그땐 겨울이면 허구한 날 눈이 와 눈을 쓸어 내는 것이 큰일이었지요.

이제는 그 모든 것이 아련한 추억이 되었습니다.

저는 어제 아침 그 추억을 곱씹으려 백병원에서 충무로 사무실까지 걸어서 출근했답니다. 30분 정도 걸었는데 나중에는 발가락이 마비되는 줄 알았지요.

모처럼 엄동설한의 추위를 접하며 그냥 춥다고 하기보다 이렇듯 추억을 더듬어 보는 것도 괜찮더군요.

　이제 시시때때로 우리들의 아름다운 추억을 되새기며 그것을 다시 삶의 활력으로 불어넣어야지요.

　기온이 아무리 내려가도 우리들 마음에 온기가 있는 한 충분히 견딜 수 있거든요.

　추억은 한겨울의 우리 곁에 놓여 있는 난로와 같으니까요.

3.
　동짓달! 하얀 눈이 내릴 때면 그리운 엄마 생각에 젖어 본다.

　그해 겨울은 유난히 눈이 많이 내렸다. 느닷없이 강원도 산골에서 서울 고모님 댁으로 산바라지하러 갔던 어머님께서 사망하셨다는 비보를 접했다.

　겨우 일곱 살의 어린 내겐 그 어떤 충격보다도 더한, 그 어떤 수식어로도 표현할 수 없는 시련에 빠져들었다.

　다음 해 국민학교 입학식은 이웃집 아주머니 손에 이끌려 참석했다.

　다행히 아버님께서 학교에 적을 두셨기에 나름대로 상처를 반감하는 효과를 누렸지만 제일 힘들었던 부분은 소풍 가는 날이었다.

　엄마의 사랑을 가장 필요로 하는 나이에 잘사는 아이들의 김

밥이며, 야마가시(일본식 빵) 먹는 모습에 허공을 바라보며, 하염없이 그리운 엄마의 생각에 젖어 들곤 하였다.

산골이라 주식이 감자와 옥수수로 연명할 수밖에 없는 현실을 이해하면서도 때론 세상을 원망했다. 현실에 안주할 수밖에 없는 나 자신을 미워하기도 했던 어린 시절이었다.

도시락 속에는 옥수수 세 통이 전부인 때가 비일비재했으니 대부분의 아이들이 그랬듯 먹고사는 게 힘든 시절이었다.

석양에 비친 개천 주변의 흐드러진 해당화 꽃과 더불어 허리춤에 품었던 도시락에 얽힌 추억을 이 겨울 가기 전에 하얀 눈꽃 속에 피워 올리고 싶다.

또한 새해에는 나무 등 뒤에서 숨어 사는 삶이 되지 않기를 소망한다.

4.

어린 시절 키가 작아 조상 탓도 해 보았다.

그때 그 시절은 충분한 영양 섭취가 부족한 탓에 요즘 아이들처럼 키가 자라지를 못했던 것 같다.

그땐 키를 잴 수 있는 방법은 벽에 기대어 나무판자나 대나무 자를 이용하여 머리 위에 수평으로 설치하고 표시를 해둔 다음 몇 개월 흐른 뒤 다시 재어 보는 방법으로 나 자신의 성장 속도를 가늠해 볼 수 있었다.

따라서 상대평가가 아닌 절대평가의 수치로서 만족감을 성취할 수 있었다.

헌데 학교에서 키를 재게 되면 절대평가가 아닌 상대평가로 불편한 심기를 감출 수가 없었던 기억이 요즘 들어 새삼 떠오르는 것은 무슨 연유에서일까?

그렇다. 삶이란 자신을 상대방과 비교할 때 불행이 시작된다는 사실을 이제야 조금은 알 것 같다.

군 시절 식사 당번병들이 배식을 할 때면 거의 정량으로 배식할 텐데 옆 동기의 밥이 더 많아 보이기도 했다.

상대방과의 비교가 아닌 모든 것을 다 내려놓을 때, 진정한 행복을 누릴 수 있는 것이다.

스산한 초겨울의 문턱이다. 진정한 행복은 가까이 내 마음속에 있다.

우리는 살아가면서 가당치도 않은 편견에 사로잡혀 상대의 내면은 외면한 채 보이는 대로 평가절하하는 경우를 종종 봅니다. 이런 편향적이고 자기중심적인 사고는 크나큰 오류를 범하게 됩니다. 객관적이고 검증된 시스템 범주 안에서 확증된 사실들을 기초로 하여 상대를 평가하는 문화를 만들어야 합니다. 우리의 정체성을 가꾸고 발전시켜야 할 가장 기본적이고 인간적인 휴먼 펙터가 필요한 때라고 생각합니다.

최종호 作 『편견과 오해』 전문

에필로그(epilogue)

벌써 시월이라니 세월 참 쏜살같다.

구르던 낙엽을 보면서도 눈물짓고 서툰 연애편지 한 통에 가슴 설레던 시절, 그 눈부시게 푸르던 날들의 편린이 그립다.

이제 남은 인생은 우리들의 몫이다. 자유롭게 사고하며 운동이나 여행, 글쓰기 등 맘껏 즐기며 살리라.

53글방에 올라온 글 중 너무 짧아서 편집에 곤란한 원고는 제외시켰고, 본인이 거절한 경우도 있었다. 글방 원고는 출판을 목적으로 한다고 명시했는데 시행착오를 겪는 게 안타깝다.

최선을 다한다고 했으나 엮고 나면 늘 아쉬움이 남는다. 어제보다는 오늘이, 오늘보다 내일은 좀 더 나아질 거라는 희망이 있어 주저앉지 않고 힘을 얻는 것이리라.

53글방 코너 신설(新設) 및 존속(存續)을 위해 애써 준 전, 현 회장단에 감사한 마음 전한다.

2020.10
53글방 민들레 편집부